W0327380

ZUR REIHE:

WIE NÄHERT MAN SICH EINEM WELTBEKANNTEN ORT MAL ANDERS?

Wir wollten das übliche Reiseführer-Konzept einmal komplett umdrehen. Dafür haben wir die Sehenswürdigkeiten klein- und die Erlebnisse großgezogen. Es geht darum, die Mentalität einer Stadt, einer Insel oder einer Region zu erkunden: durch Abenteuer, die jeder selbst unternehmen kann – und die man gar nicht so leicht via Google und Co. findet!

Im Mittelpunkt der Erlebnisse stehen außergewöhnliche Unternehmungen abseits aller Klischees: unerwartete Führungen, aber auch Kulinarik, Ausflüge in die Natur, manchmal Lost Places. Dabei war uns wichtig, dass die meisten Erlebnisse kostenlos oder günstig (= 15 Euro oder weniger) sind. Außerdem gilt: Die Abenteuer finden häufig statt und sind von echten Expertinnen und Experten ausgewählt. Das heißt, unsere Autorinnen und Autoren leben vor Ort oder haben »ihr« Reiseziel oft besucht.

Unser Ausgangspunkt ist es stets, einen bekannten Ort noch einmal neu zu entdecken – mit Unternehmungen, bei denen man sich fragt: Wieso haben wir das eigentlich noch nie gemacht?

Matthias Kröner, Herausgeber und Redaktion
Berit Kröner, grafisches Konzept und Herstellung

TOBACCO
BAR
48
THE TEMPLE BAR
Estd. 1840
THE
POW

1

2

3
4
5

+++++++++++ ANKOMMEN +++++++++++

+++ DUBLIN LIEGT IN DER PROVINZ LEINSTER AM FLUSS LIFFEY UND DER OSTKÜSTE IRLANDS. SÜDLICH DER STADT ERSTRECKEN SICH DIE DUBLIN MOUNTAINS +++ DIE HAUPTSTADT IST MIT EINER FLÄCHE VON 117,8 QUADRATKILOMETERN RECHT ÜBERSCHAUBAR +++ ETWAS MEHR ALS EIN VIERTEL DER CITY BESTEHT AUS GRÜNANLAGEN (26 %) +++ DERZEIT LEBEN UM DIE 1,3 MILLIONEN MENSCHEN IN DER REGION DUBLIN INKLUSIVE SEINER VORORTE UND SATELLITENSTÄDTE IM SPECKGÜRTEL. DAS SIND MEHR ALS 25 % DER LANDESBEVÖLKERUNG. DUBLIN CITY SELBST HAT LAUT ZENSUS 2016 CA. 550.000 EINWOHNER +++ ETWA 80 % DER DUBLINER SIND IREN +++ MEHR ALS 4.000 MENSCHEN SIND OBDACHLOS +++ IRLAND HAT DIE JÜNGSTE BEVÖLKERUNG DER EU +++ IN EINEM HAUSHALT LEBEN IM SCHNITT 2,5 MENSCHEN +++ DURCH GOLFSTROM UND LAGE SIND DIE TEMPERATUREN MILD +++

WENN MAN IN **DUBLIN** ANKOMMT:

Wenn man sich nicht schon auf der Insel befindet, ist die Stadt nur per Flieger oder Fähre erreichbar. Der Hafen mit den Fährterminals liegt in der Dublin Bay rund fünf Kilometer von der Innenstadt entfernt, dorthin kommt man per Bus Nr. 53 in ca. einer halben Stunde. Der Flughafen befindet sich im Norden der Stadt. Von da fährt ein Bus namens Aircoach alle 30 Minuten in die Stadtmitte, der Dublin Airport Bus vom Busparkplatz, Zone 15. Mit Dublin Express ab Terminal 1 oder 2 geht es am schnellsten: Ca. 20 Minuten dauert die Fahrt und kostet 6 Euro.

UNTERWEGSSEIN IN DUBLIN

Das Stadtzentrum ist klein und lässt sich bequem zu Fuß erkunden. Wer fahren möchte, ist gut mit der aufladbaren **Leap Card** bedient, erhältlich in Zeitungsläden. Damit fährt man günstiger als mit Einzeltarifen und kann **Airlink-Bus, DART** (S-Bahn), **Luas** (Straßenbahn), **Zug** und **Busse** benutzen, ohne jedes Mal den Einzeltarif bezahlen zu müssen. Einfach die Karte über das Lesegerät ziehen, und der Betrag wird abgebucht. Achtung: Beim Verlassen der Luas den Vorgang wiederholen und ausloggen! Für Vielfahrer lohnt sich die **Visitor Leap Card** für **1/3/7 Tage** zu **10/19,50/40 Euro**. Das **Do Dublin Freedom Ticket** bietet für **45 Euro drei Tage** lang unbegrenzte Fahrten mit allen Bussen inklusive Airlink und Dublin Bus sowie Hop-on/Hop-off-Bussen. Das **Luas Flexi Ticket** kostet für einen Tag **7,30 Euro** und enthält alle Zonen, für sieben Tage ist es ab **16,50 Euro** zu haben (eine Zone) und lohnt sich für Straßenbahnfahrer. Nützlich für die Suche nach Verbindungen mit den Öffis: **transportforireland.ie**

DUBLIN IST FLACH, also auch gut per Fahrrad zu entdecken, doch leider herrscht starker Autoverkehr. Radwege gibt es einige, und das Netz soll weiter ausgebaut werden. Auf dublincity.ie/residential (Transportation/Active Travel) finden sich einige Routen, dublinbikes.ie ist ein öffentliches Mietsystem mit cirka 100 Stationen. Die Drei-Tages-Karte kostet 5 Euro. Die ersten 30 Minuten sind kostenlos, dann 0,50 Euro für die erste Stunde, 1,50 Euro für zwei Stunden etc.

YOU'RE LATE FOR TEA!
6
It's how you make it"
www.vintageteatours.ie
TEA! A DRINK WITH JAM AND BREAD
EMERGENCY EXIT
61
ROUTEMASTER
RM 811
TO OPEN
ENGINE STOP - PULL
ZV 10903

1 TEMPLE BAR

+++ ERLEBEN +++

MAN SCHRIEB DAS JAHR 795, als die Wikinger hier eintrafen und sich ansiedelten. Dublin Castle zeugt davon. Heutzutage steppt im Kneipenviertel Temple Bar der Bär. Alles in den mit Kopfstein gepflasterten Straßen und Gassen dreht sich um Pubs, Livemusik und irischen Tanz, um Nightlife, Bier und Whiskey. Laut geht's zu und lustig. Tagsüber empfehlen sich je nach Interessenlage kuriose Läden, schicke Galerien, das Project Arts Centre und das Irish Film Institute.

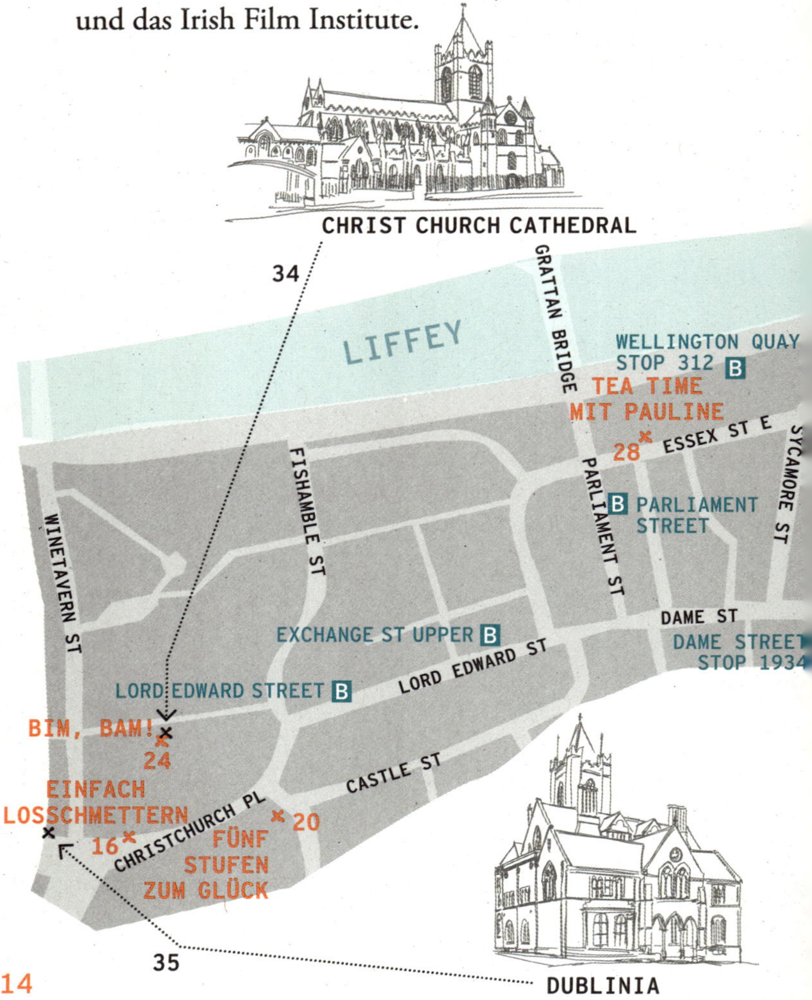

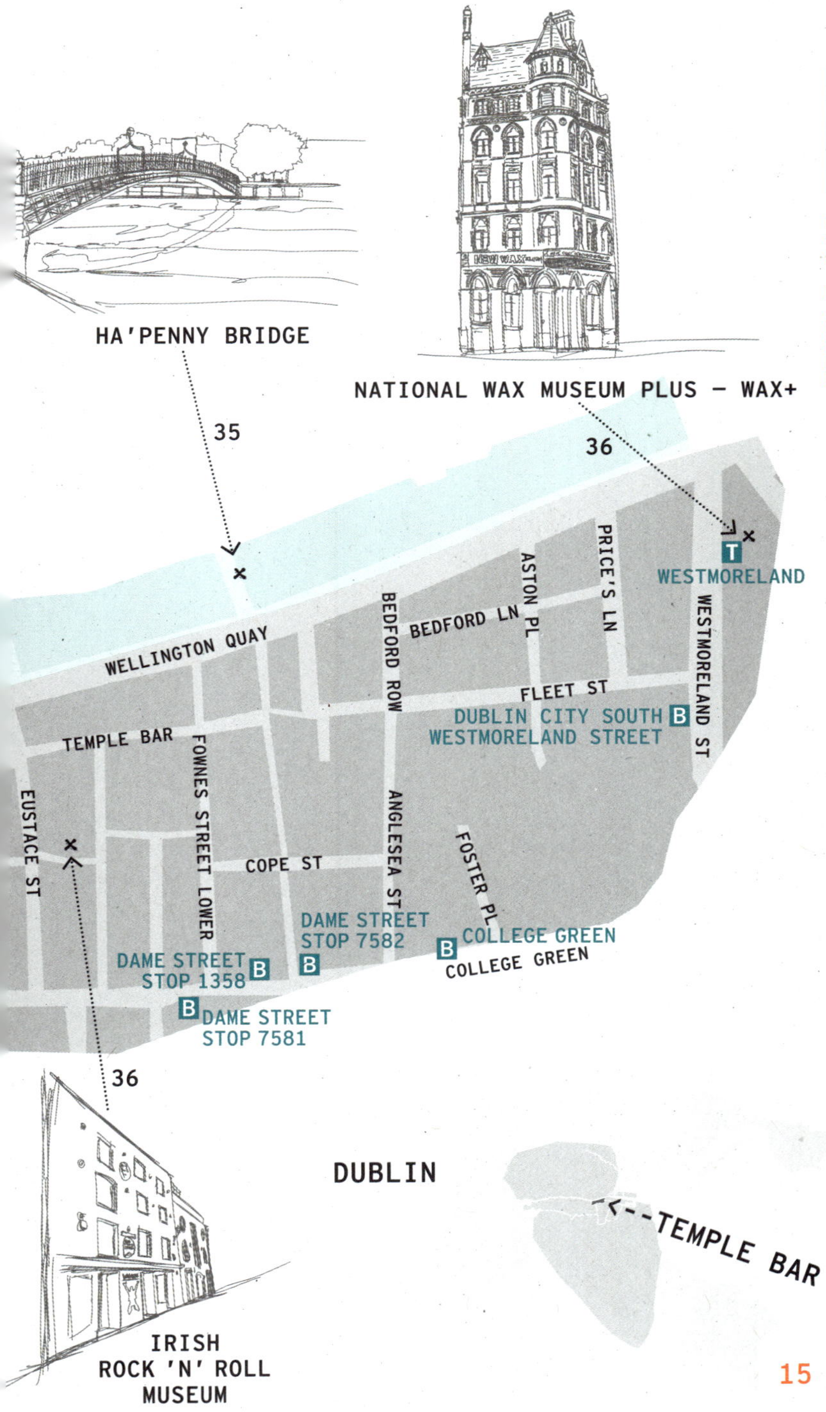
HA'PENNY BRIDGE
35
NATIONAL WAX MUSEUM PLUS – WAX+
36
WESTMORELAND
WELLINGTON QUAY
BEDFORD LN
ASTON PL
PRICE'S LN
BEDFORD ROW
WESTMORELAND ST
FLEET ST
DUBLIN CITY SOUTH
WESTMORELAND STREET
TEMPLE BAR
FOWNES STREET LOWER
EUSTACE ST
ANGLESEA ST
FOSTER PL
COPE ST
DAME STREET
STOP 7582
COLLEGE GREEN
COLLEGE GREEN
DAME STREET
STOP 1358
DAME STREET
STOP 7581
36
DUBLIN
TEMPLE BAR
IRISH
ROCK 'N' ROLL
MUSEUM

EINFACH LOSSCHMETTERN

EINE GESUNGENE STADTFÜHRUNG

<--IM SÜDEN DER STADT

+ + + S T E C K B R I E F + + +

+++ WO? FOYER DES JURYS INN HOTEL, 8 CHRISTCHURCH PLACE +++ BUS 13/27/40/49/68X/77A/77X/123/747 LORD EDWARD STREET, LUAS RED LINE FOUR COURTS +++ WANN? DONNERSTAG, FREITAG UND SAMSTAG MEIST 14 UHR +++ DALTONSMUSICALHISTORYTOUR.COM +++ WIE LANGE? CA. 2,5 STUNDEN +++ WIE VIEL? DIE FÜHRUNG AUF ENGLISCH KOSTET FÜR ERWACHSENE 30 EURO, FÜR KINDER UNTER 12 JAHREN UND STUDENTEN 25 EURO +++

DAS … KANN JA HEITER WERDEN. Die Iren, alle die geborenen Sänger, und dazu ich? In einem Anfall von Wahnsinn oder Selbstüberschätzung habe ich mich zu einer Stadtführung angemeldet, bei der gesungen wird. Gemeinsam! Tatsache – Fiona in ihrem schönen Dress mit weit schwingendem Rock und Hut im Stil des georgianischen Dublin teilt gleich zu Beginn Liederhefte aus. »Man muss aber nicht singen!«, betont sie – da fällt mir ein Mühlstein vom Herzen bzw. von der Stimme. Der Blutdruck beruhigt sich wieder. Vor der Christ Church Cathedral (siehe S. 34) stehen wir, und Fiona erklärt uns, dass Georg Friedrich Händel mit dem Chor dieser Kathedrale und dem der St. Patrick's Cathedral 1742 den *Messias* erstmals aufführte. Deshalb ist der Komponist vermutlich auch auf dem Stromkasten nahebei samt Sängern in poppigen Farben verewigt.

DAMALS JEDENFALLS brauchte man Platz in der New Music Hall, dem Ort der Uraufführung, da Überfüllung drohte. »Also forderte man die Frauen auf, doch diesmal bitte schön ihre weit ausladenden Reifröcke daheim zu lassen – und die Herren ihr Schwert!« Es muss beeindruckend gewesen sein, das *Halleluja* aus so vielen Kehlen zu hören. Dann wird es auch für uns ernst mit dem Singen. Durch die tatkräftige Unterstützung von Fionas schöner und lauter Stimme geht das erstaunlich gut, und ich traue mich ebenfalls, »Halleluja« zu schmettern.

Von der Hymne zum Rebellen-Song: Am Dublin Castle, wo 1916 der Osteraufstand begann, als irische Freiheitskämpfer die Wachstube der englischen Besatzer enterten, singen wir die ergreifende Ballade *Der neblige Tau*, die denen gewidmet ist, die für die Freiheit ihr Leben ließen: »... that freedom's light might shine through the foggy dew.« Doch die City hat auch andere Seiten: »Dublin hatte den größten Rotlichtbezirk Europas, 16.000 Prostituierte arbeiteten hier jede Nacht«, sagt Fiona, als wir vor Molly Malones Statue stehen (siehe S. 104), an der St. Andrew's Church, die dem Heiligen der Fischhändler gewidmet ist. Demnächst soll darin allerdings ein Restaurant eröffnet werden. Für die Fischhändlerin Molly mit ihrem horizontalen Zweitjob trällern wir: »In Dublin's fair city, where the girls are so pretty ...«, die inoffizielle Hymne der Stadt. Wir kommen richtig in Fahrt und ernten spontanen Applaus von Umstehenden.

AM BERÜHMTEN OLYMPIA THEATRE in der Dame Street legen wir unseren nächsten Stopp ein. Hier trat und tritt auf, was Rang und Namen hat: Bryan Adams, David Bowie, das Royal Philharmonic Orchestra, Iggy Pop und Maureen Potter, einst Sängerin, Comedian und Schauspielerin. Einer ihrer bekanntesten Songs ist *A Dublin Saunter,* ein Bummel durch Dublin. Das Loblied auf die Stadt preist Grafton Street als Wonderland, Magie liege in der Luft. Bei »Dublin can be heaven with coffee at eleven« fallen wir alle ein und lachen. Den Text haben wir ja vor uns, und Fiona gibt die Melodie vor. Nach so viel Heiterkeit wird's an der Liffey wieder traurig. Sie führt zum Hafen, wo Zehntausende Iren ihrer Heimat »Farewell« sagen mussten (siehe S. 148). Der Song *The Old Bog Road* beschreibt das Heimweh der Menschen in der neuen Welt. Im mittelalterlichen Dublin zollen wir dem Musikgeschmack früherer Zeiten Tribut und singen zum Abschied *Green Sleeves*, ein Liebeslied im barocken Stil. Die Melodie klingt noch lange in mir nach.
Übrigens: Bei allen Liedern habe ich laut mitgesungen. Geht doch!

WENN MAN SCHON MAL HIER IST:
Musikalisch könnte es gleich in der **Christ Church Cathedral** weitergehen, wo man im Rahmen einer Führung die Glocken läuten und »abheben« kann □→ (siehe S. 24). Wer vorher eine Pause braucht: Fish & Chips gibt's bei **Leo Burdock** (siehe S. 20).

FÜNF STUFEN ZUM GLÜCK

FISH & CHIPS

B LORD EDWARD STREET

× <--IM SÜDEN DER STADT

+ + + S T E C K B R I E F + + +

+++ WO? 2 WERBURGH STREET +++ BUS 13/27/40/49/68X/77A/77X/123/747 LORD EDWARD STREET, LUAS RED LINE FOUR COURTS +++ WANN? TÄGL. 12–0 UHR +++ LEOBURDOCK.COM +++ WIE LANGE? JE NACH SCHLANGE 0 BIS CA. 20 MINUTEN WARTEZEIT +++ WIE VIEL? FISH & CHIPS KLASSISCH (FRESH COD & CHIPS) 13,95 EURO +++

1

DA VORNE! ES ZISCHT. Es brutzelt. Es dampft. Die Schlange ist lang und führt bis um die Ecke. Neugierig reihe mich ein. Immer wieder verlässt einer den Laden mit fetttriefendem Papier in der Hand und einem zufriedenen Grinsen im Gesicht. Heutzutage gibt es das berühmte Fast Food wegen der Druckerschwärze nicht mehr in Zeitungspapier eingewickelt wie früher, aber auch die lebensmittelechten Tüten von heute zeigen oftmals ein Zeitungslayout. Nostalgie muss eben sein. Manche können es gar nicht abwarten, greifen sofort rein und schieben sich genüsslich das erste Stück in den Mund: Fischfilet in Teighülle, vier bis fünf Minuten frittiert, dazu etwas dickere Pommes, als man sie bei uns kennt, ordentlich Salz drauf und oft auch Malzessig. Das scheint (nicht nur für Dubliner) das höchste der Gefühle zu sein: Fish & Chips!

UND NATÜRLICH WIRD AUSGIEBIG DEBATTIERT, welche Fischart wie zubereitet wird und wo es am besten schmeckt. Bei Leo Burdock, sagten die allermeisten zu mir. Erstaunlicherweise finde ich das »Nationalgericht der Briten« auch hier in Dublin allerorten. Man vermutet, dass die Pommes aus Frankreich und der Backfisch mit jüdischen Immigranten aus Großbritannien eingewandert sind, und zwar von Schottland aus. Kartoffeln waren in Irland schon immer Grundnahrungsmittel, Fisch gab und gibt es naturgemäß auf einer Insel im Meer reichlich. Über die Stadt verteilt finden sich denn auch zahlreiche Lokalitäten, die ihre fisch-feinen Dienste anbieten. Viele haben ihr eingeschworenes Stammpublikum wie »Leo Burdock's since 1913«. Meist handelt es sich bei den Objekten der Begierde um Cod, Kabeljau, oder auch Haddock, Schellfisch, auf alle Fälle ist es oft Weißfisch. Man speist mit den Fingern oder mit kleinen Holzgabeln. Inzwischen habe ich mich die fünf Stufen hinauf und ins Innere des »Chippy« vorgearbeitet. Dekoriert ist im nautischen Stil mit Seilen, Seemannsknoten, Fischmotiven. Eine »Hall of Fame« an der Wand zeigt, wer sich hier schon alles sein Essen geholt hat: Madonna, Bruce Springsteen, Tom Cruise und viele andere Promis.

»BEVOR MAN FREITAGS auf die Piste geht, bietet das eine ganz gute Unterlage!«, erklärt mir ein Youngster mit zerschnittenem T-Shirt am Tresen. Hinter mir wartet ein Hipster im Anzug. Er komme immer freitags nach der Arbeit her, denn hier gebe es einfach den besten Cod, für ihn das Highlight der Woche. Als Imbiss ist das also nicht abzutun. Auch in Pubs und Restaurants hat das Gericht Einzug gehalten, aber das ist natürlich nicht das Gleiche. Man führt regelrechte Glaubenskriege, wo es denn nun die besten Fish & Chips gibt.

Endlich! Ich bin dran! »One-and-one, please!«, so lautet die stilechte Bestellung in einem »Chipper« und meint eine klassische Portion Fisch und eine Portion Pommes. Angeblich bestellt man so, weil die Betreiber der ersten Fish-and-Chips-Buden Italiener waren und nicht besonders gut Englisch sprachen. Erhalten hat sich das bis heute. Einen Tipp gibt's gratis dazu: »Setz dich damit auf eine Parkbank drüben bei der Kathedrale!« Denn hier holt man nur ab, Platz zum Essen ist nicht. Kaum halte ich die heiße Tüte in Händen, ergeht es mir nicht anders als den meisten: Schon ist ein Stück Fisch im Mund gelandet und erfreut meinen Gaumen. Das böse Sprichwort »Irish food is great – until it's cooked!« kann ich also nicht bestätigen. Get in line! Stellen Sie sich an! Das Warten lohnt sich.

WENN MAN SCHON MAL HIER IST:

Die Kalorien wieder abtrainieren kann man beim Glockenläuten in der **Christ Church Cathedral** □→ (siehe S. 24). Außerdem gibt es dort Tom und Jerry zu bewundern und viele Kuriositäten mehr.

BIM, BAM!

EIGENHÄNDIG DIE GLOCKEN LÄUTEN

B LORD EDWARD STREET <--IM SÜDEN DER STADT

+++ STECKBRIEF +++

+++ WO? CHRISTCHURCH PLACE +++ BUS 13/27/40/49/77A/77X/123 U.A. LORD EDWARD STREET +++ WANN? GEFÜHRTE TOUREN AUF ENGLISCH MO-FR 11 UHR, 12.10 UHR, 14 UHR, 15 UHR UND 16 UHR; NOV.-MÄRZ OHNE DEN 11-UHR-TERMIN +++ CHRISTCHURCHCATHEDRAL.IE +++ WIE LANGE? 2 STUNDEN +++ WICHTIG! KARTENKAUF ONLINE VERMEIDET SCHLANGESTEHEN. DAS ONLINE-TICKET GILT EIN JAHR LANG. AUCH REINE AUDIOGUIDEFÜHRUNGEN SIND MÖGLICH +++ WIE VIEL? ERWACHSENE 10 EURO, KINDER UNTER 12 JAHREN 3,50 EURO, SENIOREN 8,50 EURO, FAMILIENKARTE (2 ERWACHSENE, 2 KINDER) 24 EURO +++

VOM PFARRER werden wir mit Handschlag begrüßt. Seine Soutane ist lässig von einem Ledergürtel zusammengehalten. Geführt werden wir aber von Daire im schwarzen Rolli, der sich, wie hier üblich, gleich mit Vornamen vorstellt. »Hm, hm, ihr wollt also alle auf den Turm und die Glocken läuten!«, meint er auf Englisch. »Mal sehen, ob wir das hinkriegen. Heute weht ein heftiger Wind.« Die Spannung steigt. Zugegeben, ich bin wirklich hauptsächlich deshalb hier. Denn wer kann schon von sich behaupten, die Glocken einer riesigen Kathedrale selbst geläutet zu haben? Vor diesem Highlight führt uns Daire jedoch durch die Kirche. Sogar ein wenig Deutsch spricht er und gibt auf amüsante Weise Kurioses und Bemerkenswertes über den beeindruckenden Sakralbau aus dem 11. Jahrhundert zum Besten. »Ratet, welchen Namen unser Erzbischof hat?« Keiner weiß es. »Michael Jackson!«

GRUSELIG: Das 800 Jahre alte Herz von Laurence O'Toole, dem Schutzheiligen Dublins, ist in einer Box in Herzform aufbewahrt. 2012 wurde sie gestohlen, tauchte aber sieben Jahre später in Plastik verpackt im Phoenix Park wieder auf. Der Dieb muss sich über Nacht in der Kathedrale aufgehalten haben. Als er am Morgen ging, entzündete er nämlich zwei Kerzen auf dem Trinity Altar. Auf die merkwürdige Geschichte folgt Nackengymnastik. Zuerst schauen wir nach unten. In vielen der Bodenfliesen sind Füchse abgebildet, heute die Maskottchen der Kathedrale. »Und jetzt blicken Sie mal nach oben!« Die Seiten der Kathedrale lehnen sich leicht nach innen. Trotzdem gehen wir jetzt hinauf. Über insgesamt 86 Stufen und eine enge steinerne Wendeltreppe, eine Brücke und noch einmal Treppenstufen auf den Glockenturm. »19 Seile und 19 Glocken. Das ist Weltrekord!«, ruft Daire. Die schwerste wiegt mehr als zwei Tonnen, und jede Glocke klingt ein wenig anders. Will man sie alle gleichzeitig läuten, braucht man 19 Glöckner. Wir probieren es zu viert. Uff. Mich zieht es vom Boden hoch! »Man muss auch mal loslassen!«, grinst Daire. »Das vergessen die Anfänger immer.« Puh, es ist richtig anstrengend.

EIN LEICHTES ZIEHEN IM BIZEPS macht sich bemerkbar. Jetzt verstehe ich, warum es Wettbewerbe im Glockenläuten gibt. Die hiesige Christ Church Cathedral Society of Change Ringers hat natürlich mehrfach Preise gewonnen. Ich blicke in selige und verschwitzte Gesichter. Fotos werden geschossen, Videos aufgenommen. Daire singt: »You can ring my behehell!« Der Deutsche neben mir verrät, dass er mit seiner Familie vor Jahren schon mal hier war und dass sie immer wieder von diesem einen Erlebnis gesprochen haben. Die Tochter nickt und strahlt.

»So, nun kommen 500 Leute zur Kathedrale und warten auf einen Gottesdienst, der nie stattfinden wird«, scherzt Daire. Keine andere Kirche der Welt sei so crazy, dass sie uns das machen ließe – Glocken läuten ohne Anlass. Zum Abschluss bringt er uns nach ganz nach unten in die Krypta, wo Tom und Jerry alias Katz und Maus ausgestellt sind. Einst wurden sie in einer Orgelpfeife mumifiziert: Maus voran, Katz hinterher, stecken geblieben, beide gefangen. »Ich hoffe, euch ist nun nicht der Appetit vergangen!«

WENN MAN SCHON MAL HIER IST:

Der Appetit ist uns nicht vergangen. Ein Sport wie Glockenläuten macht schließlich hungrig. Gleich um die Ecke ist das winzige, liebevoll gestaltete **RóCo Café** ⇨ (13 Lord Edward Street), wo es Kuchen gibt und hervorragende Muffins (mein Tipp: die mit den Schwarzbeeren) für 2,95 Euro, Cappuccino (3,85 Euro) oder Tagessuppe (5,30 Euro). Ob vegan oder vegetarisch, gluten- oder laktosefrei, hier wird man fündig und sehr nett bedient.

TEA TIME MIT PAULINE

VINTAGE TEA TRIPS

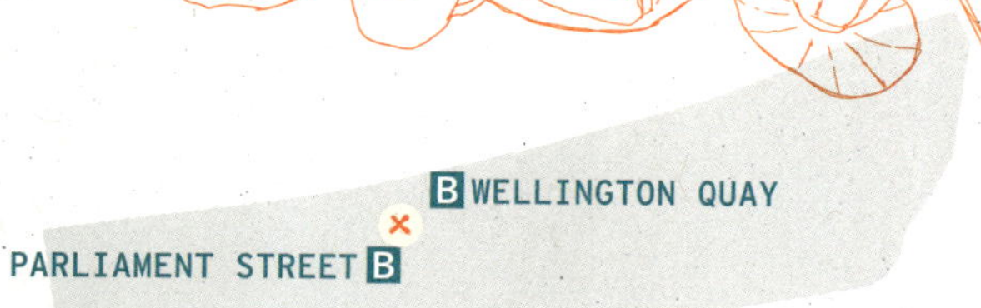

<--IM SÜDEN DER STADT

+ + + S T E C K B R I E F + + +

WO? 4-6 ESSEX STREET EAST +++ BUS 26/52/C1 U.A. WELLINGTON QUAY, LUAS RED LINE JERVIS +++ WANN? TÄGL. UM 11 UHR, 13.15 UHR UND 15.30 UHR +++ VINTAGETEATRIPS.IE +++ WIE LANGE? 70-80 MINUTEN +++ WICHTIG! VORAUSBUCHUNG NÖTIG +++ WIE VIEL? ERWACHSENE 49,50 EURO, KINDER (4-14 JAHRE) 27 EURO +++

DA ZUCKELT SIE LANGSAM um die Ecke: Pauline! Kameras und Smartphones klicken, alle wollen die hellblau-gelbe Schönheit ins rechte Bild rücken und Erinnerungsfotos schießen. Pauline ist ein Doppeldeckerbus aus dem Jahre 1961. Gerade eben erst wurde sie neu geschminkt, Verzeihung lackiert. Wir steigen über die gewundene Treppe nach oben. Du meine Güte! Tische sind aufgebaut, darauf ein verlockendes Angebot an Sandwiches, knusprigen Scones, Butter, Marmelade, Clotted Cream, Käsekuchen, Mandel- und Sachertorte. Etagere und Porzellanteller stehen auf einer Gummimatte, sodass nichts verrutschen kann. Warum das so sein muss, wird mir ruckartig klar, als Pauline losfährt. Na, hoppla! »Sie werden sehen«, sagt Meghan, Guide und Kellnerin in einem, »alle Passanten da draußen werden uns anstarren. Aber wir werden nicht winken und schreien, sondern verhalten uns in style, wie es Pauline gebührt.« Und so lächeln wir denn zurückhaltend-leutselig von oben herab aus den Fenstern und nippen an unserem Tee.

DER AFTERNOON TEA sei in Irland ein Ritual aus den 1840ern, erklärt Meghan. Einst war es eine kleine Mahlzeit, um die Lücke zwischen Lunch und Dinner zu füllen. Die frisch gebackenen, noch warmen Scones (Weizenküchlein) schneidet man auf, bestreicht sie mit Butter, dazu Marmelade, und zum Schluss gibt man etwas Clotted Cream darauf, eine Art dicken Rahm. Sweet! Die Musik ist getragen und passend. *Ol' Man River* aus dem Musical *Porgy & Bess* umschmeichelt mein Ohr, während wir das Wellington Monument passieren und in den Phoenix Park (siehe S. 139) einbiegen. Mit 707 Hektar ist er einer der größten innerstädtischen Parks der Welt. Darin befindet sich auch der drittgrößte und älteste Zoo Europas, in dem der vom Intro der Metro-Goldwyn-Mayer-Filme her berühmte Löwe Leo lebte. »Da er während der Dreharbeiten absolut keinen Ton von sich geben wollte, hat man ihn beim Gähnen gefilmt, und das beeindruckende Gebrüll legte man darüber«, erzählt Meghan. Die Residenz des Präsidenten steht ebenfalls hier, und natürlich erzählen sich die Dubliner auch darüber ein spannendes Detail: Im Fenster des Hauses stand immer eine brennende Kerze, wie Mütter sie für ihre Kinder anzünden, damit sie im Dunkeln wieder heimfinden. Heute ist es eine Laterne. Und tatsächlich handelt es sich um eine Tradition, die Iren aus der Diaspora den Weg nach Hause weisen soll.

PAULINE ZICKT EIN BISSCHEN, dann ist der Gang drin. Knirsch. An der Guinness Brewery (siehe S. 94) erfahren wir, dass Nigeria das Land ist, in dem am meisten Guinness getrunken wird; dort steht auch die größte Guinness-Brauerei der Welt. »Die brauen das Bier mit 7 % Alkohol, hier sind es nur 4 %«, erfahre ich, während *As Time Goes By* aus den Lautsprechern klingt. Meghan in ihrer pastellfarbenen Schürze macht das wirklich witzig, sie weiß zu jeder Sehenswürdigkeit etwas, das garantiert so nicht in Reiseführern zu finden ist. Gemütlich ist's und lecker, die Füße schmerzen nicht vom Herumlaufen, denn ich sitze bequem zurückgelehnt. Während wir den Spire passieren, die O'Connell Street und das GPO (siehe S. 140), probieren wir die Kuchen. »Lovely!« und »Home made!« befinden die Mitreisenden. Am Merrion Square mit der Oscar-Wilde-Statue, die gegenüber seinem ehemaligen Wohnhaus steht, hören wir, dass der Park früher nur den Besitzern der umliegenden Häuser vorbehalten war. Vorbei an den berühmten, farbig angestrichenen Dubliner Türen (siehe S. 172) rollen wir gemächlich zum Ausgangspunkt zurück. Pauline schnauft aus. Pffffff. Und ein kleines Stück Kuchen muss leider liegen bleiben. Ich kann nicht mehr.

WENN MAN SCHON MAL HIER IST:
Ein Gläschen Prosecco im **Dollard & Co.** ⇨ (2–5 Wellington Quay), vor dem Pauline zum Stehen gekommen ist, muss sein. In der Weinbar mit Bistro, Restaurant und Delikatessengeschäft in einem Backsteinhaus mit der ältesten Stahlrahmenkonstruktion Irlands sitzt man an Marmortischchen. In Style. Sektchen mit Blick auf die Liffey. Stößchen!

WENN MAN SCHON MAL IN TEMPLE BAR IST

+++ SEHEN +++

+++ ESSEN +++

+++ AUSGEHEN +++

+++ SHOPPEN +++

+++ SCHLAFEN +++

BEDFORD
ROW
2
FLEET
2

+++++++++++++ SEHEN ++++++++++++++

CHRIST CHURCH CATHEDRAL

Die Kathedrale geht zurück auf eine Kirche, die um 1028 vom Wikingerkönig Sigtrygg Seidenbart aus Holz errichtet wurde. Was wir heute sehen, ist ein steinerner Bau aus dem 12. Jahrhundert, der die anglo-normannische Glorie repräsentieren sollte. Mehrmals umgebaut, ist sie ein faszinierender Mix aus romanischen, gotischen und viktorianischen Stilelementen. Sehenswert sind das barocke Grabmal des Earl of Kildare und die Krypta.

+++ CHRIST CHURCH PLACE +++ BUS 13/27 LORD EDWARD STREET +++ CHRISTCHURCHCATHEDRAL.IE +++ JE NACH JAHRESZEIT MO–SA 9.30–17/18/19 UHR, SO 12.30–14 UHR SOWIE MEIST 16.30–18/19 UHR +++ TICKET 6 EURO, KINDER (BIS 15 J.) 2 EURO +++ TIPP: FÜHRUNG MIT GLOCKENLÄUTEN SIEHE S. 24! +++

DUBLINIA

Eintauchen ins Mittelalter. Die Zeitreise beginnt mit einem Bummel über den Markt. Den Bösewicht am Pranger bewerfen wir im Gegensatz zu früher allerdings mit Softbällen. Auf der Wikingeretage schreibe ich meinen Namen in Runen. Man kann sich hier auch selbst in »Gewandung« werfen: als Sklave zum Beispiel. Für Kinder ein Riesenspaß.

+++ AN DER KREUZUNG ST. MICHAEL'S HILL/PATRICK STREET/HIGH STREET +++ LUAS RED LINE FOUR COURTS +++ DUBLINIA.IE +++ TÄGL. 10-17.30/18.30 UHR +++ TICKET 14 EURO, ERM. 12,50 EURO, KINDER 6,50 EURO, FAMILIENTICKET 33 EURO +++

←□ HA'PENNY BRIDGE

Dublins berühmteste Brücke wurde 1816 errichtet, aus schwarzem Gusseisen, das heute in Weiß erstrahlt. Ursprünglich wurde sie für Fußgänger gebaut, um die sieben Fähren zu ersetzen, die von einem zum anderen Ufer pflügten. Offiziell heißt sie eigentlich Liffey Bridge, doch ihr geläufiger Name rührt daher, dass man zunächst einen halben Penny Brückenzoll bezahlen musste. Später belief sich der Betrag auf einen und bis 1919 auf eineinhalb Penny, weshalb die Brücke dann auch Penny Halfpenny Bridge genannt wurde.

+++ BACHELORS WALK +++ LUAS RED LINE JERVIS +++

NATIONAL WAX MUSEUM PLUS – WAX+

In diesem Museum geht es um prominente Personen, Märchen und Fantasy, teils dargestellt durch Wachsfiguren, teils durch Videoinstallationen. Im Horrorkabinett sieht man Graf Dracula in seinem Sarg auf sein nächstes Opfer lauern.

+++ 22-25 WESTMORELAND STREET +++ LUAS GREEN LINE WESTMORELAND +++ WAXMUSEUMPLUS.IE +++ TÄGL. 10-19 UHR +++ TICKET 16,50 EURO, ERM. 14,50 EURO, KINDER (5-14 J.) 11,50 EURO, FAMILIE 45 EURO +++ TIPP: TICKET IM VORAUS ONLINE 10 % BILLIGER BUCHEN +++

IRISH ROCK 'N' ROLL MUSEUM

Die mit Fotos irischer Stars geschmückte, rot leuchtende Wall of Fame leitet uns direkt zum Museum. Während eines geführten Rundgangs sehen wir Gibson-Gitarren, Fender-Bässe, Memorabilia von *U2* und *Thin Lizzy* und Michael Jacksons Pyjama. Im Haus befindet sich zudem der Proberaum mit Tonstudio, wo die *Boomtown Rats* und andere Größen ihre Musik aufgenommen haben.

+++ CURVED STREET +++ LUAS RED LINE JERVIS +++ IRISHROCKNROLLMUSEUM.COM +++ MO-FR 11.30-17.30 UHR, SA/SO 11-17 UHR (FÜHRUNG AUF ENGLISCH) +++ TICKET 16,50 EURO, ERM. 14,50 EURO, KINDER (5-13 J.) 12,50 EURO +++ TIPP: ONLINE-TICKETS 10 % GÜNSTIGER +++

THE PORT HOUSE PINTXO

Spanische Tapas und baskische Pintxos (Spießchen) in Dublin! Panierter Blumenkohl (Coliflor Rebozada) 4,90 Euro, Fleischbällchen (Albóndigas) in Tomatensoße 7,90 Euro. Angenehmes Ambiente. Gute Weinauswahl.

+++ 12 EUSTACE STREET +++ LUAS RED LINE JERVIS +++ PORTHOUSE.IE/PINTXO +++ TÄGL. 12 UHR TILL LATE +++

THE PALACE BAR

Eindeutig mein Favorit, wenn es um Pubs in Temple Bar geht. Am Rande gelegen, daher nicht so überlaufen. 1823 eröffnet, findet man hier auch heute noch ein original viktorianisches Pub vor: mit Spiegeln verkleidet, mit hölzerner Theke und Nischen. Eigene Whiskeymarke!

+++ 21 FLEET STREET +++ LUAS GREEN LINE WESTMORELAND +++ THEPALACEBARDUBLIN.COM +++ TÄGL. 10.30-23.30 UHR +++

CAFÉ INDIGO & CLOTH

Es duftet! Café und Ladengeschäft in einem, in dem man sich auf einen guten Cappuccino oder Espresso trifft. Sehr nette Baristas.

+++ 9 ESSEX STREET EAST +++ LUAS RED LINE JERVIS +++ INDIGOANDCLOTH.COM +++ MO-FR 9-18 UHR, SA 10-16 UHR, SO 11-18 UHR +++

MULLIGAN AND HAINES

Wunderbares Pub mit goldgerahmten Gemälden, mit rotem Leder bezogenen Sitzen, Marmortischchen. James Joyce was here! Tagessuppe 6,95 Euro.

+++ 32 DAME STREET +++ LUAS GREEN LINE TRINITY +++ MULLIGANANDHAINES.IE +++ MO-SA 12.30-23 UHR, SO BIS 21 UHR +++

+++++++++++++ AUSGEHEN +++++++++++++

THE OLYMPIA THEATRE

Die viktorianische Entertainment-Halle stammt aus dem Jahre 1879 und hat eine aufregende Vergangenheit mit diversen Tumulten vorzuweisen. Heute finden im beliebtesten Theater Dublins Musikveranstaltungen statt – Musicals, Kabarett, Oper, Ballett und mehr.

+++ 72 DAME STREET +++ LUAS GREEN LINE COLLEGE STREET ODER WESTMORELAND, LUAS RED LINE JERVIS +++ OLYMPIA.IE +++

PROJECT ARTS CENTRE

»The big blue building« beherbergt hochkarätige zeitgenössische Kunstausstellungen und bietet Theater-, Musik- und Tanzveranstaltungen. Bar im Haus.

+++ 39 EAST ESSEX STREET +++ LUAS RED LINE JERVIS +++ PROJECTARTSCENTRE.IE +++ MO-SA 11-18 UHR UND ZU VERANSTALTUNGEN GEÖFFNET +++ TIPP: DRINKS ONLINE ZUSAMMEN MIT DEM TICKET BUCHEN! +++

+++++++++++++ SHOPPEN +++++++++++++

THE DESIGN HOUSE

Mode, Schmuck, Kunst von irischen Designern, oftmals in »limited edition«, findet man in diesem auffällig grünen Haus. Wer etwas Besonderes sucht, ist hier richtig.

+++ THE GREEN BUILDING, 23/24 TEMPLE LANE SOUTH +++ LUAS GREEN LINE WESTMORELAND, LUAS RED LINE JERVIS +++ THEDESIGNHOUSE.IE +++ MO-MI U. FR/SA 10-18 UHR, DO 10-20 UHR, SO 12-17 UHR +++

1

LUCY'S LOUNGE VINTAGE

Im leuchtend rosafarbenen Gebäude befindet sich der Vintage- und Secondhandladen mit schrägen Klamotten und Kostümen, Schuhen und Accessoires.

+++ 11 FOWNES STREET UPPER +++ BUS 27/40/49 DAME STREET +++ SA 12-18 UHR, SO 13-17 UHR +++

++++++++++++ SCHLAFEN +++++++++++++

BLOOMS HOTEL □↑

Für Fans von Street-Art und Party. Das über und über mit Szenen aus James Joyce' *Ulysses* bemalte Haus bietet neben hübschen Zimmern im Haus auch die Vathouse Bar (jeden Abend Musik), Bier- und Whiskeyverkostungen und Cocktail-Kurse im Club M. Das hat seinen Preis. DZ (ohne Frühstück) um 150 Euro.

+++ ANGLESEA STREET +++ LUAS GREEN LINE TRINITY +++ BLOOMS.IE +++

FITZSIMONS HOTEL

Funktionale Zimmer, einige haben Balkone mit Blick über Temple Bar, andere Richtung Liffey. Man muss allerdings wissen, wo man wohnt: im Kneipenviertel, und eine solche befindet sich auch im EG. Ggf. Ohropax mitbringen.

+++ 21-22 WELLINGTON QUAY +++ LUAS RED LINE JERVIS +++ FITZSIMONSHOTEL.COM +++

2
RUND UM ST. STEPHEN'S GREEN UND DUBLIN CASTLE

+++ ERLEBEN +++

2

DUBLIN CASTLE

CHESTER BEATTY LIBRARY

ST. STEPHEN'S GREEN

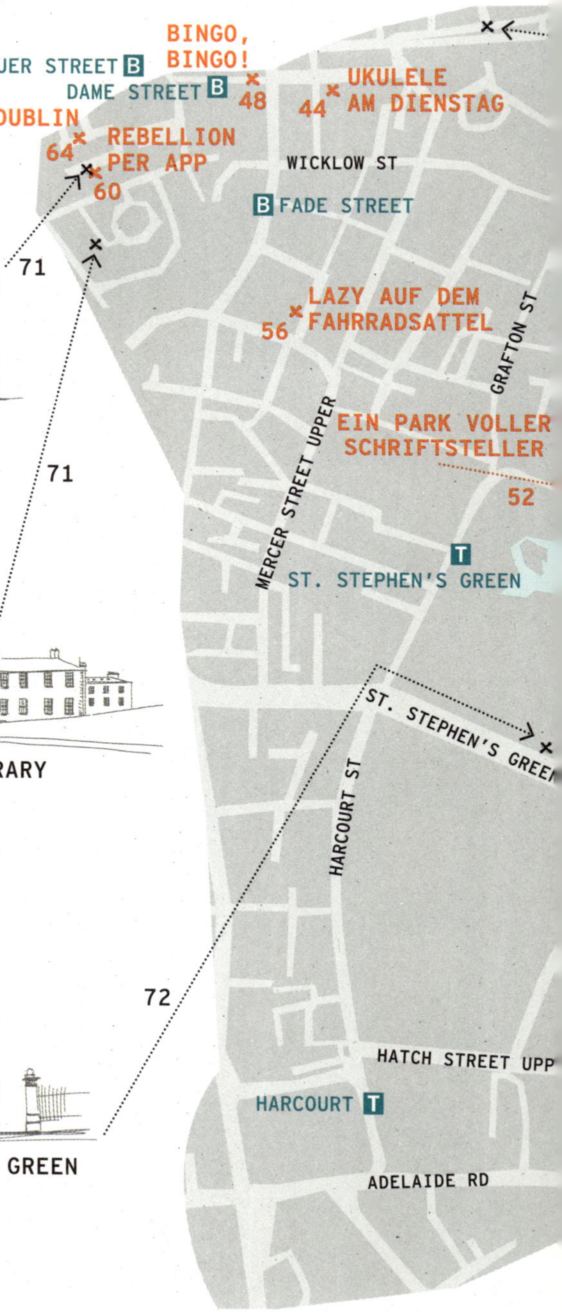

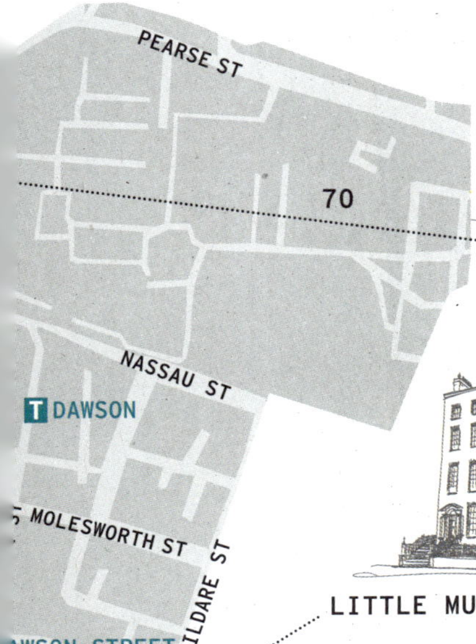

TRINITY COLLEGE
UND ALTE BIBLIOTHEK
MIT BOOK OF KELLS

LITTLE MUSEUM OF DUBLIN

IMMER VOLLER HEKTISCHER Passanten ist die bekannteste der Dubliner Straßen, die Grafton Street. Links und rechts von ihr und drumherum befinden sich jede Menge Geschäfte und Pubs, Museen wie das Little Museum of Dublin und Sehenswürdigkeiten wie die Old Library im Trinity College mit dem weltberühmten Book of Kells, die Chester Beatty Library und Dublin Castle. Last, but not least erstreckt sich hier der beliebteste Park der Stadt, St. Stephen's Green, einst der Mittelpunkt des georgianischen Dublin.

UKULELE AM DIENSTAG

EINE SESSION
FÜR ALLE IM STAG'S HEAD

<--RUND UM ST. STEPHEN'S GREEN UND DUBLIN CASTLE

+ + + S T E C K B R I E F + + +

+++ WO? 1 DAME COURT +++ LUAS GREEN LINE TRINITY, BUS C1/C2/C3/C4/39/69 U. A. DAME STREET +++ WANN? DIENSTAGS UM 20 UHR +++ STAGSHEAD.IE/EVENT/UKELELE-TUESDAY +++ WIE LANGE? CA. 3 STUNDEN +++ WIE VIEL? KOSTENLOS +++

IM BODEN IST EIN MOSAIK mit einem Hirschkopf eingelassen, das mir den Weg in eine dunkle Gasse weist. Da ist es schon: Stag's Head, ein uriges viktorianisches Pub, das bereits seit Jahrhunderten existiert. Auch über der Eingangstür prangt der Kopf eines Geweihträgers. Ich trete ein und schlängle mich durch die Menge der meist mit Guinness bewehrten Menschen. »Hi there!« Also, ich möchte ein Pint of Five Lamps, ein helles Bier, um mich zu beruhigen. Ehrlich, ich bin nervös. Hier in dieser wundervollen Kneipe mit poliertem Tresen und hölzernen Wänden, Spiegeln an der Wand, zig Zapfhähnen, aus denen Bier fließt, soll heute der Ukulele Tuesday stattfinden. Und ich will daran teilnehmen, obwohl ich, Achtung, diese Mini-Gitarre mit vier Saiten überhaupt nicht spielen kann! Angeblich ist es ganz leicht, die Session soll toll sein – und Hopfen beruhigt, oder?

OB DAS ALLES STIMMT, weiß ich nicht, um mich herum ist es jedenfalls sehr laut und lustig. »Äh, und wo ist hier der Ukulele Tuesday?«, frage ich vorsichtig. »Oh«, antwortet der Barmann, »da müssen Sie jetzt raus auf die Straße, rechts um die Ecke und sich anstellen!« Ach so. Das wird ja immer aufregender.

Kurz danach stehe ich am Ende der Schlange. Mein Vordermann, sein Instrument lässig über die Schulter gehängt, dreht sich um und meint beim Anblick meines Pints, das sei eine sehr gute Idee, sich vorab mit einem Drink zu versorgen. Und dann geht es auch schon los: Über knarzende Holzstufen steigen wir nach oben in ein Nebenzimmer mit rötlich-goldenen Tapeten an der Wand, kleinem Tresen und Barmann. Im Raum sitzen bereits einige Ukulelespieler vor Mikrofonen. Songbooks werden ausgeteilt. Eine junge Frau drückt mir kurzerhand eine Leih-Ukulele in die Hand. »Aber ich habe das noch nie gemacht«, stammle ich. »So what!«, lautet die Antwort. »Play along!« Und sie zeigt mir, dass hinten auf der Ukulele die Akkorde aufgemalt sind. Außerdem sind sie auf der großen Leinwand zu sehen und im Liederbuch. Na gut, bei C-Dur und a-Moll kann ich mitspielen, denn dazu braucht man nur einen Finger auf eine der vier Saiten zu drücken.

UND START! Inzwischen ist der Raum brechend voll, und alle spielen und schmettern lauthals *Dirty Old Town*. Die Stimmung steigt, um mich herum lächelnde, tanzende und singende Leute. Ein warmes Bad, buchstäblich: Der Raum heizt sich auf, Platz zum Sitzen ist schon lange nicht mehr, aus den Hähnen fließt das Bier. Und es wird lauter und lauter. Bei *Psycho Killer* von den *Talking Heads* flippen alle kollektiv aus. Eine singt ein gekonntes Solo. Ein anderer spielt Cajón dazu. Der neben mir grinst mich an und schreit: »I love it!« Wow, das ist nicht zu toppen, denke ich. Doch weit gefehlt. Als *Kiss* von Prince dran ist, kocht die Hütte. Tatsache, die Dubliner sind echte Feierbiester, und so eine Jamsession sorgt für die Ausschüttung von Glückshormonen ohne Ende. Die Ukulele habe ich längst weitergegeben und gröle nur noch lauthals mit. Was für ein Event! Am ganzen Körper kribbelt's. Ich werde mir eine Ukulele kaufen und sie spielen lernen. Ganz sicher. Das muss man erlebt haben!

WENN MAN SCHON MAL HIER IST:
Die meisten gehen auf einen weiteren Drink runter ins historische Pub **Stag's Head** □→. 1770 erbaut, 1895 umgebaut und seitdem in diesem Zustand belassen, ist es eine Sehenswürdigkeit für sich: mit rotem Leder bezogene Sofas und Barhocker, Kronleuchter an den Decken, Marmorplatten auf den Tresen, Buntglasfenster. Kein Wunder, dass das Stag's schon mal eine Briefmarke geziert hat.

BINGO, BINGO!

MITSPIELEN UND MITFIEBERN IM GEORGE

DAME STREET

<--RUND UM ST. STEPHEN'S GREEN UND DUBLIN CASTLE

+++ STECKBRIEF +++

+++ WO? 89 SOUTH GREAT GEORGE'S STREET +++ LUAS GREEN LINE TRINITY +++ WANN? SONNTAGS UM 21 UHR +++ THEGEORGE.IE/WHATS_ON/SUNDAY +++ WIE LANGE? CA. 2 STUNDEN +++ WICHTIG! WER EINEN PLATZ MIT BLICK AUF DIE BÜHNE ERGATTERN WILL, MUSS FRÜH DA SEIN +++ WIE VIEL? KOSTENLOS +++

ICH WILL AUCH MITSPIELEN! Bingo scheint eine der (geheimen?) Lieben der Dubliner zu sein, es gibt sie in allen möglichen Varianten an ganz verschiedenen Orten. Als absolut heißer Tipp wird das George gehandelt. Das sei Kult. Also nix wie hin. Sonntagabend, ich kämpfe mich durch die immer noch vollen Straßen gen Club. Wow, was für ein Palast! Schon von außen wirkt die 1985 eröffnete LGBTQIA-Bar imposant, angestrahlt in bunten Farben. Der Türsteher lächelt freundlich: »Zum Bingo? Jaja, nur herein.« Ich finde mich in einem riesigen, einstöckigen Raum wieder und gehe mir erst mal ein Bier, einen Bingozettel und einen Bleistift am Tresen holen, wie alle anderen auch. Ein Sitzplatz ist schwer zu bekommen, aber ich habe Glück, und das gleich doppelt: Über meinem hängt ein bonbonfarbenes Porträt von Freddie Mercury.

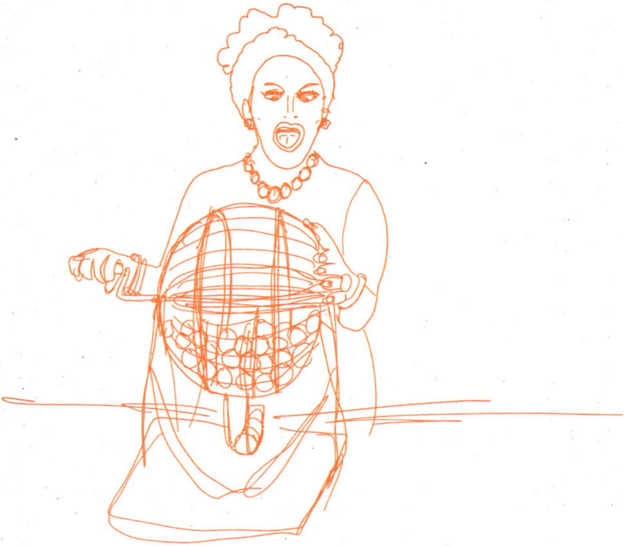

IM GANG PAPIERLAMPEN, an der Decke ein blinkender Sputnik. Und schon bricht die Show los. Tusch! Dragqueen Shirley Temple Bar erscheint auf der Bühne und singt *Cotton Fields*! Alle schreien, johlen und applaudieren. Sie wird die Nummern ziehen und erfreut uns zunächst mit einer kleinen Vorstellung. Eigentlich sieht sie in diesem Dirndl mit rothaariger Perücke ein wenig aus wie Pippi Langstrumpf. Um mich herum wird gekreischt, ein schwules Paar erklärt mir – natürlich auf Englisch –, wie mit den Zahlen auf dem Zettel umzugehen ist, sie sind nämlich in Zehnerreihen angeordnet. »Also – hier findest du die Nummern, 11–20, da 21–30 usw.« Ah, das ist ein guter Tipp. Und schon bin ich im Gespräch, wobei das hier nicht das Problem ist. Immer wieder werde ich angesprochen: Woher? Wie hast du erfahren, dass …? Gibt es in Deutschland auch …? Plötzlich habe ich viele liebe Freunde um mich herum, es fühlt sich an, als würde ich sie schon seit Ewigkeiten kennen, Bingo wird fast zur Nebensache. Doch aufgepasst, die 21 wird aufgerufen, dann die 45, die 67 … Gleichzeitig erscheinen die Nummern auf einem riesigen Bildschirm. Die Spannung steigt. Leider habe ich immer noch nichts gewonnen, aber das macht nichts.

DA SCHREIT EINER »BINGO!« Er hat »Line«, also eine Reihe mit aufgerufenen Zahlen durchgestrichen, und wird auf die Bühne gebeten, um seinen Preis abzuholen: 200 Euro. »Warst du überhaupt schon mal in einer Bank? Ich meine, kennst du Bargeld? Du siehst so jung aus!«, witzelt Shirley. Weiter geht's, aber nun müssen wir ein ganzes Quadrat, »Full House«, erreichen, um 900 Euro zu gewinnen. Zahl um Zahl wird aufgerufen. Eine meldet sich, hat aber doch nicht alle Nummern richtig und wird auf der Bühne kräftig veräppelt. Ironie des Schicksals: Zwei Minuten später kommt genau die Zahl, die ihr fehlte, und sie gewinnt. Die Stimmung ist auf dem Siedepunkt. Im Raum ist schon lange kein Durchkommen mehr. »Jetzt sind die Shows dran!«, verrät mir Andrew. Grell geschminkte Dragqueens betreten die Bühne und singen Playback. Veda ist Andrews Lieblingsperformerin. »Komm, du musst aufstehen und tanzen!«, sagt er. Und bei *Bohemian Rhapsody* singen wir alle laut und lächelnd mit, obwohl es doch so ein trauriges Lied ist. Pete aus Cork streichelt dabei meine Hand. Er und sein Mann sind extra wegen dieses Abends nach Dublin gekommen. Das kann ich gut verstehen!

WENN MAN SCHON MAL HIER IST:
Rundherum tobt das Nachtleben. Für einen Absacker empfiehlt sich beispielsweise ein Drink im J. T. Pim's □→ (4 South Georges Street, jtpims.ie) leicht schräg gegenüber. Feine Cocktails, Craft Biere vom Fass, gute Weine. Auch wer noch etwas essen möchte, wird hier fündig. Und im Untergeschoss gibt's eine große Auswahl an Rum und Gin.

EIN PARK VOLLER SCHRIFTSTELLER

DIE GREEN MILE WALKING TOUR

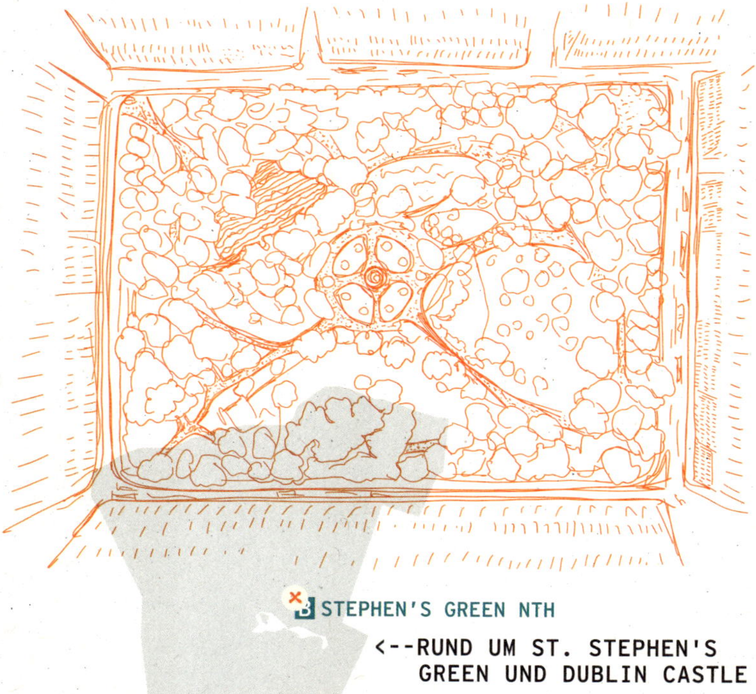

<--RUND UM ST. STEPHEN'S GREEN UND DUBLIN CASTLE

+ + + STECKBRIEF + + +

WO? TREFFPUNKT: REZEPTION DES LITTLE MUSEUM OF DUBLIN, 15 ST. STEPHEN'S GREEN +++ LUAS GREEN LINE ST. STEPHEN'S GREEN, BUS 11/37/38/70 U.A. ST. STEPHEN'S GREEN +++ WANN? TÄGLICH UM 11.30 UHR +++ LITTLEMUSEUM.IE/WRITERS-WALKING-TOUR +++ WIE LANGE? EINE STUNDE +++ WIE VIEL? ERWACHSENE 10 EURO, STUDENTEN UND SENIOREN 8 EURO, FAMILIEN 22 EURO +++

OH, LÀ, LÀ. So ziemlich das Erste, was ich von Eamon, meinem Guide mit Schauspielausbildung, über die große Nation der Schriftsteller erfahre, ist, dass der Autor Brendan Behan von sich sagte: »I am a drinker with a writing problem.« Die Feststellung »Irish whiskey is liquid sunshine« stamme jedoch von George Bernard Shaw, neben Yeats und Beckett einer der drei irischen Nobelpreisträger für Literatur. Shaw war zudem der einzige Literaturnobelpreisträger, der einen Oscar gewann. Bis 2016 – dann kam Bob Dylan. Eine Büste im Park St. Stephen's Green, einst der größte Park Dublins und übrigens von Guinness gestiftet (da haben wir ihn wieder, den Alkohol), erinnert an den bedeutenden Autor. Eamon erzählt, dass Shaw einst Winston Churchill zu *Pygmalion* einlud und schrieb: »And bring a friend if you have any.« Churchill antwortete: »I would attend the next night if there is any.«

AUCH WILLIAM BUTLER YEATS spazierte hier gerne mit seiner Gemahlin. Verständlich. Bis heute ist die grüne Lunge der beliebteste Park der Stadt, eifrig frequentiert von Jung und Alt. Der gepflegte, neun Hektar große Park ist dabei »gesprenkelt« mit Bildnissen nationaler Berühmtheiten – ein Who is Who der irischen Geschichte. »Aber pass auch auf die Tauben, die Enten und die Vampire auf!«, sagt Eamon plötzlich. Stimmt, die Vögel sind ganz schön frech. Aber Vampire? Nun ja, Bram Stoker, der Autor von *Dracula*, wohnte direkt hier am Park. Florence Balcombe nahm er zur Frau und heiratete sie in der St. Ann's Church gleich um die Ecke. »Sie war übrigens die Angebetete von Oscar Wilde«, erklärt Eamon und grinst verschmitzt. Alkohol und Dramen! Wir sind inzwischen am nördlichen Ende des Parks angelangt, dem Beaux Walk, wo das prächtige Shelbourne Hotel liegt. Hier gingen sie ein und aus: William Makepeace Thackeray, George Moore und Oscar Wilde himself. Bei Letzterem picknickt man gerne drüben am Merrion Square, wo er sich, aus farbigen Steinen von drei Kontinenten gehauen, auf einem Felsen räkelt (siehe S. 175). Laut Eamon »the funniest man in literature«. Vielleicht ist er deshalb so bunt.

IM HAUSE 109 St. Stephen's Green wuchs Robert Emmet auf. Eine Statue ehrt ihn, den Kämpfer der erfolglosen irischen Rebellion im Jahre 1803. Vor seiner Hinrichtung hielt er eine beeindruckende Rede, die Eamon auswendig zitiert: »I have but one request (to ask at my departure from this world); it is the charity of silence.« Erst wenn seinem Land Gerechtigkeit und Unabhängigkeit widerfahren würde, wolle er ein Epitaph mit Inschrift. Yeats verewigte ihn in dem Gedicht *September 1913*. Wir spazieren weiter zum Memorial für Yeats mit einem Amphitheater, wo immer noch Theaterstücke aufgeführt werden, und zur Skulptur *Knife Edge* von Henry Moore. Auch Yeats wohnte am Park. Wo sonst? Als Kostprobe deklamiert Eamon diesmal *Never give all the heart*. Yeats und Joyce wurden übrigens Freunde. – Und ich träume davon, mir hier ein Studio zu mieten und die Zeit zurückzudrehen, dann werde ich im viktorianischen Garten lustwandeln, mit Freunden parlieren, dichten, Texte diskutieren. Ab und an einen heben müsste ich wahrscheinlich auch.

WENN MAN SCHON MAL HIER IST:
Auch die Führungen im **Little Museum of Dublin** □→ (ab 8 Euro, littlemuseum.ie, siehe S.72) sind Legende. Fiona, eine weitere wahre Schauspielerin, führt durch die Ausstellung, spielt und singt die Geschichten zu Dublins und Irlands Geschichte vor.

LAZY
AUF DEM FAHRRADSATTEL

MIT HUGH
AUF DEM E-BIKE DURCH DIE CITY

<--RUND UM ST. STEPHEN'S GREEN UND DUBLIN CASTLE

FADE STREET B

+ + + S T E C K B R I E F + + +

+++ WO? 4 DRURY STREET MULTI STORY CAR PARK, BIKE PARK, LOWER GROUND FLOOR, GEGENÜBER BROOKS HOTEL +++ LUAS GREEN LINE DAWSON, BUS 9/16/65 EXCHEQUER STREET +++ WANN? TÄGL. 10 UND 14 UHR +++ LAZYBIKETOURS.COM +++ WIE LANGE? 2 STUNDEN +++ WIE VIEL? GEFÜHRTE TOUR AUF ENGLISCH INKL. MIET-E-BIKE, -HELM UND -WARN-WESTE 40 EURO (35 EURO MIT NORMALEM RAD) +++

LINKSVERKEHR PER RAD. Auweia. Das soll einem mal ein Dubliner erklären! Keine Sorge, das wird er. Hugh von Lazy Bike Tours, der uns auf knallorangefarbenen E-Fahrrädern durch die Stadt führt, stellt klar: »Wir fahren auf der falschen Seite der Straße. Das basiert auf dem britischen System. Die sind dafür verantwortlich.« Später wird er uns mehr über alte Feindschaften und den irischen Unabhängigkeitskrieg erzählen. Doch zunächst radeln wir gen Dublin Castle (siehe S. 71). Eigentlich sei dies gar keine Burg, sondern ein Schloss in einem Stilmix der ursprünglichen, ab 1220 erbauten Normannenburg mit Elementen aus dem 18. Jahrhundert und der neogotischen Royal Chapel. Einst diente es als Gefängnis und war noch bis 1922 Sitz der britischen Verwaltung. Heute ist es der Öffentlichkeit zugänglich, und in den Repräsentationsräumen finden zeremonielle Feiern statt.

»WER WEISS, WIE DUBLIN auf Gälisch heißt?«, fragt Hugh. »Baila Átha Cliath«, probiert es eine. Richtig. Der Name Dublin dagegen komme von den Briten, die die Iren nicht verstehen und die gälischen Namen nicht aussprechen konnten. »Also machten sie aus Dubh Linn, schwarzer Teich, wie die Wikinger und die Normannen es nannten, Dublin«, erklärt Hugh. Hintereinander fahren wir weiter zur mehrmals umgestalteten St. Patrick's Kathedrale (siehe S. 95). »Die wird auch Guinness-Kathedrale genannt, denn vier Glasfenster erzählen die Geschichte der Familie und die der Zutaten, die man zum Bierbrauen braucht«, weiß Hugh. Bekanntester ehemaliger Dekan der Kirche ist der Autor Jonathan Swift, der 1713 bis 1745 das Amt innehatte. In der Marsh Library nebenan lasen er und auch James Joyce regelmäßig. Bram Stoker recherchierte hier für seinen *Dracula*-Roman, denn er war nie selbst in Transsylvanien. Damit aus der ältesten öffentlichen Bibliothek Irlands nichts gestohlen wurde, sperrte man die Leser übrigens in sogenannte »reading cages«, Lesekäfige, ein. Wir radeln weiter zur Teeling Distillery, der ersten neuen Whiskeybrennerei der Stadt, 2015 eröffnet. »Der muss bei uns drei Jahre und einen Tag reifen. In Schottland sind es nur drei Jahre«, betont Hugh stolz, »also ist unserer einen Tag besser!«

UM WHISKEY GEHT ES HEUTE an vielen Ecken der Stadt (siehe S. 84). Aber auch um Bier. Am Guinness Storehouse, wo 850.000 Pints (ein Pint = 0,5683 Liter) des »black stuff« pro Tag produziert werden, erfahren wir, dass die Firma 1759 gegründet wurde. Die »schwarze Seele Irlands« mit weißer Krone ist eindeutig die bevorzugte Sorte der Einheimischen. »Das ist auch so, weil Arthur Guinness einfach ein guter Typ und sozial sehr engagiert war.« Heutzutage gibt es den Arthur Guinness Fund, der sozial schwache Familien unterstützt. Außerdem sei der Gerstensaft gesund: »Er ist gut für dich! Er macht dich stark! Er killt die Bakterien!«, versucht sich Hugh an alten Slogans und meint, dass Guinness einer der Ersten war, der die Mechanismen des Marketings verstanden hatte und zu nutzen wusste. »Nach dem Blutspenden bekam man ein Pint, sogar jungen Müttern wurde es verschrieben.« Hugh ist ein sprudelnder Quell, und wir sind uns einig: Eine Stadtführung per Rad ist super. Sie ist intensiver und persönlicher als eine hinter den Scheiben eines Touribusses, und man erfährt mehr – schneller als zu Fuß.

WENN MAN SCHON MAL HIER IST:

Raus aus dem Sattel und ran an die Theke! Ein paar Meter neben **Lazy Bike Tours** direkt im Parkhaus befindet sich in einer abgeteilten Ecke **Amy Austin (amyaustin.ie)** □→, eine Weinbar, in der es auch kleine Gerichte wie Austern gibt. Prädikat: echt abgefahren, voll schräg und wirklich cool! Ein Glas Amy's White zu 15 cl kostet 7 Euro.

REBELLION PER APP

DER OSTERAUFSTAND 1916

B FADE STREET

<--RUND UM ST. STEPHEN'S
GREEN UND DUBLIN CASTLE

+ + + S T E C K B R I E F + + +

WO? DUBLIN CASTLE +++ BUS 13/4/123 LORD EDWARD STREET +++ WANN? BEI TAGESLICHT +++ DIE DUBLIN DISCOVERY TRAILS APP (AUF ENGLISCH) GIBT ES IM GOOGLE PLAY ODER IM APPLE APP STORE +++ WIE LANGE? CA. 2 STUNDEN +++ WIE VIEL? KOSTENLOS +++

ICH LAUSCHE UND HÖRE, dass Irland im Frühjahr 1916 noch Teil des Vereinigten Königreichs war. Jedoch: Man plante einen Aufstand! Das Smartphone am Ohr kriege ich dann eine Gänsehaut, trotz milder Temperaturen. Eine Frauenstimme schildert mir nämlich am Dublin Castle, damals Sitz der britischen Regierung in Irland und Symbol britischer Macht, Schreckliches: »Stellen wir uns einen warmen Ostermontag vor. Die Stadt ist ruhig«, beginnt sie relativ harmlos. »Das Tor von Dublin Castle war nur von einem einzigen Constable gesichert. Wir gingen zum Castle Gate. Dann kam ein Polizist heraus. Connolly erschoss ihn.« Erster Schuss, erster Toter im Rahmen des Osteraufstands im Kampf für die Unabhängigkeit Irlands von Großbritannien. Doch andere Soldaten tauchen auf, und die Rebellengruppe läuft Gefahr, gefangen genommen zu werden. Da bläst Connolly zum Rückzug der Irish Citizen Army in die City Hall. Der Versuch, Dublin Castle zu erobern, war fehlgeschlagen.

MITHILFE DER DUBLIN DISCOVERY TRAILS APP kann man all dies nacherleben bzw. -hören – auf einem gut zweistündigen Spaziergang, der einen von Dublin Castle aus über die City Hall, St. Stephen's Green, das Trinity College und weitere Stationen bis zum Garden of Remembrance führt. Zeitzeugen, manchmal auch Schauspieler oder Sprecher, erzählen atemlos von schauerlichen Vorkommnissen. Neun Frauen waren in der oben genannten Gruppe, eine davon Dr. Kathleen Lynn, zuständig für die Pflege der Verwundeten. Aus ihrer Perspektive wird berichtet, dass die Männer dann vom Dach der City Hall aus feuerten. Die Briten schossen zurück: »Connolly lief aufrecht in unsere Richtung, obwohl wir doch Schutz suchen mussten, so gut es ging! Plötzlich sahen wir ihn fallen. Tödlich verwundet.« Er starb fast sofort. Die sechs Tage des Easter Rising sollten Irland für immer verändern. Denn auch wenn der Aufstand zunächst fehlschlug, hatte er Auswirkungen auf die Zukunft, und Irland wurde 1922 unabhängig. Andere Gruppen wie die Irish Volunteers besetzten in seiner Folge weitere strategisch wichtige Punkte in der Stadt, darunter das GPO, General Post Office, das zum Hauptquartier der Rebellen wird.

AN DEN SÄULEN außerhalb des Gebäudes kann man noch die Einschusslöcher der Kämpfe sehen. Hier verlas Patrick Pearse die Unabhängigkeitserklärung. Hier fanden die schlimmsten Auseinandersetzungen statt. Zeitzeuge Séan McGarry schildert sie in einer Aufnahme, die erhalten ist. Als das GPO zu fallen droht, fliehen die Kämpfer Richtung Moore Street und durchbrechen Hauswände, um weiterzukommen, müssen jedoch schließlich aufgeben. Wo der Held »The O'Rahilly« fiel, stößt man nun auf eine gravierte Plakette mit den letzten Worten in seinem Brief, den er sterbend an seine Frau schrieb: »Written after I was shot. Darling Nancy I was shot leading a rush up Moore Street and took refuge in a doorway ... Tons and tons of love dearie to you and the boys ... It was a good fight anyhow ... Goodbye Darling.«
Auf dem Boden des kreuzförmigen Wasserbeckens in der Mitte des Garden of Remembrance sind Mosaiken mit Wellen und Speeren und Schilden zu sehen. Es ist eine keltische Tradition, die Waffen nach Einstellung der Feindseligkeiten zum Zeichen des Friedens ins Wasser zu werfen. Ich suche mir eine Bank und lasse alles sacken.

WENN MAN SCHON MAL HIER IST:

Während der Tour lohnt ein Abstecher in die **George's Street Arcade** ⇨ mit vielen Ständen, Geschäften, Restaurants und Cafés. Wer will, lässt sich von Keith die Tarotkarten legen, kauft asiatischen Nippes, Vinylschallplatten, irische Souvenirs oder Accessoires aus Bogolan-Stoffen aus Mali. Pause machen und die Beine ausstrecken kann man z. B. im **Loose Canon** bei Käse und einem Glas Wein. Oder lieber Tapas essen in der **Market Bar**?

THE STREETS OF DUBLIN

DURCH DIE SOUTH INNER CITY MIT EINEM EHEMALIGEN OBDACHLOSEN

B EXCHEQUER STREET

<--RUND UM ST. STEPHEN'S GREEN UND DUBLIN CASTLE

+ + + S T E C K B R I E F + + +

+++ **WO?** DUBLIN CASTLE GATE, PALACE STREET +++ BUS 13/40/123 LORD EDWARD STREET +++ **WANN?** MEIST VIERMAL WÖCHENTLICH ZU VERSCHIEDENEN UHRZEITEN +++ SECRETSTREETTOURS.ORG +++ **WIE LANGE?** CA. 1 STUNDE +++ **WIE VIEL?** 15 EURO (STANDARD), 25 EURO (SUPPORTER) ODER 35 EURO (PREMIUM SUPPORTER) +++

ERKANNT HÄTTE ICH IHN NICHT. Am Dublin Castle stehe ich und warte im Nieselregen. Könnte es der da drüben sein? Da kommt er schon auf mich zu: Sweatshirt, Baseballkappe, einen Pappbecher mit Kaffee in der Hand. »Hallo, wartest du auf eine Führung mit Secret Street Tours?« Ich nicke. Kenny lächelt und blickt mich mit seinen himmelblauen Augen direkt an. Die nächste Stunde wird er mich auf der »South Inner City Walking Tour« durch Dublins Straßen führen, mir zeigen, wo er als Obdachloser gelebt hat, und die Hintergründe seiner Geschichte erzählen. Als wir loslaufen, deutet er auf die Burg und sagt: »15 Jahre lang wusste ich gar nicht, dass das Dublin Castle ist, so schlecht ging es mir!« Kenny war heroinabhängig. Erst vor drei Jahren, nach dreimaliger Überdosis, entschied er, sein Leben zu ändern.

»NEBEN MIR IN DER KLINIK lag ein Alter im Sterben, sein Gesicht war durch Krebs zerstört. Da dachte ich: Es reicht! Ich will nicht so enden, und vor allem nicht so früh!« Ein heilsamer Schock, auf den Entzugstherapien folgten. »Nur Kaffee, den kann ich bis heute einfach nicht lassen!«, lacht er. Zwar erklärt er mir auch die Stadt und ihre Sehenswürdigkeiten, aber als er merkt, dass ich mich sehr für die »Homeless« in Dublin interessiere, die einem überall auffallen, erzählt er mehr davon. So wird es eine Stadtführung der etwas anderen Art: In der Castle Street liegt die Methadonklinik, wo er hinschlich »wie ein Zombie«. 15 Jahre lang. »Das Methadon nannten wir Jungle Juice oder Green Diesel, weil es so giftgrün aussah«, sagt Kenny. »Oft verkauften wir es einfach weiter und besorgten uns harte Drogen.« Als wir um die Ecke biegen, verweist er auf die zahlreichen Baustellen der Stadt: »Da sitzt das Geld!« Büros und Hotels entstehen, direkt daneben sieht man Schlafplätze von Obdachlosen. Und die Tafel in der Ship Street Little, die an das Geburtshaus Jonathan Swifts erinnert, kommentiert er mit den Worten: »A really good guy!« Denn der verlieh Geld an die Leute, damit sie sich selbst helfen konnten. Er war »Anti-Establishment«, erklärt Kenny bewundernd.

AUCH AN EINEM HOMELESS HOSTEL der Heilsarmee stoppen wir. Laut Kenny ist dieses hier fast ein 5-Sterne-Hotel, denn man kann in Einzelzimmern übernachten. »Nicht wie in anderen Obdachlosenheimen, wo 20 Personen in einen Raum gestopft sind und man Gefahr läuft, beklaut und erstochen zu werden. Da ist es sicherer, auf der Straße sein Lager aufzuschlagen!« An der Statue für Luke Kelly von den Dubliners empfiehlt er mir, den ergreifenden Song *Scorn Not His Simplicity* anzuhören, den Phil Coulter für seinen mit Trisomie 21 geborenen Sohn geschrieben hat. Kennys Führung eröffnet mir tatsächlich einen völlig neuen Blick auf die Stadt. Um die Ecke liegt das Gaiety Theatre, davor der Walk of Fame mit den Handabdrücken berühmter Personen. Das sei ein guter Schlafplatz, da kameraüberwacht und überdacht. Im idyllischen Park St. Stephen's Green, wo Kenny auch einige Zeit lang übernachtet hat, endet die Tour. Es gebe schlechtere Orte zum Schlafen, meint er, und: »This tour was very emotional!« Kenny hatte mir erzählt, wie einsam er als Kind gewesen war. »I always wanted to be somewhere else in my mind!« Hasch und Alkohol waren der Anfang. Er begleitet mich noch ein Stück Richtung Hotel, denn es gibt noch so viel zu reden ...

WENN MAN SCHON MAL HIER IST:
Die Tour zu den irischen Literaten (siehe S. 52), die ebenfalls oft Mangel litten, beginnt gleich schräg gegenüber am **Little Museum of Dublin** ⇨.

WENN MAN
SCHON MAL BEI
ST. STEPHEN'S
GREEN
UND
DUBLIN CASTLE
IST

+++ SEHEN +++

+++ ESSEN +++

+++ AUSGEHEN +++

+++ SHOPPEN +++

+++ SCHLAFEN +++

++++++++++++++ SEHEN ++++++++++++++

☐ ↑

TRINITY COLLEGE UND ALTE BIBLIOTHEK MIT BOOK OF KELLS

Trinity College, die berühmteste Universität Irlands, besteht aus georgianischen und viktorianischen Gebäuden, die sich um gepflegte Rasenplätze gruppieren. Mitten in der City gelegen, überrascht die relative Ruhe auf dem Campus. Betritt man die Alte Bibliothek, so findet man auf dem Weg zum 65 Meter langen Long Room mit seinen 250.000 alten Bänden in deckenhohen Eichenregalen inmitten ergänzender Ausstellungsstücke Irlands größten Schatz: das vor über tausend Jahren geschriebene und kunstvoll illustrierte Book of Kells, eine Abschrift der vier Evangelien auf 340 Blättern. Die verschlungenen feinen Linien und Knoten zeigen traditionelle keltische Muster und Motive.

+++ COLLEGE GREEN +++ LUAS GREEN LINE WESTMORELAND ODER TRINITY +++ TCD.IE/VISITORS/BOOK-OF-KELLS +++ TICKET INKL. AUDIOGUIDE (VISIT TRINITY APP, AUF ENGLISCH) 18 EURO, ERM. 15 EURO, FAMILIENKARTE 34 EURO, KINDER UNTER 12 JAHREN KOSTENLOS +++

DUBLIN CASTLE

Dublin Castle inmitten der Altstadt ist eine ab 1220 erbaute Normannenburg mit dem Record Tower, dem einzigen Relikt aus dieser Zeit. Neben dem Turm befindet sich die sehenswerte viktorianische Royal Chapel aus dem 19. Jahrhundert. Sie ist mit mehr als 90 aus Kalkstein gehauenen Köpfen dekoriert: Persönlichkeiten der irischen Geschichte und Heilige.

+++ DAME STREET +++ LUAS GREEN LINE ST. STEPHEN'S GREEN +++ DUBLINCASTLE.IE +++ TÄGL. 9.45-17.45 UHR +++ TICKET 8 EURO, ERM. 6 EURO, KINDER (12-17 JAHRE) 4 EURO, FAMILIENTICKET 20 EURO +++

CHESTER BEATTY LIBRARY

Benannt ist das Museum nach Alfred Chester Beatty, einem Minenbesitzer, Reisenden und Sammler alter Bücher und Schriften. Ausgestellt sind erlesene Kalligrafien, Buchkunst aus der westlichen, islamischen und ostasiatischen Tradition, aber auch chinesische Vasen und Samurai-Schwerter. Der 2. Stock widmet sich heiligen Texten wie alten Koranschriften und frühen Bibel-Pergamenten. Chinesische Jadebücher, die ältesten Gospels der Welt oder altägyptische Liebesgedichte auf Papyri faszinieren.

+++ SHIP STREET/DAME STREET +++ LUAS RED LINE JERVIS ODER GREEN LINE TRINITY +++ CBL.IE +++ MO-SA 9.45-17.30 UHR, MI BIS 20 UHR, SO 12-17.30 UHR, NOV.-FEB. MO GESCHL. +++ KOSTENLOS +++ TIPP: JAPANISCHER ZENGARTEN AUF DEM DACH +++

ST. STEPHEN'S GREEN

Der Stadt beliebtester Park ist neun Hektar groß und viktorianischen Landschaftsarchitekten zu verdanken. Auf dem gepflegten Rasen räkeln sich Dubliner während der Mittagspause, Paare treffen sich abends zum romantischen Rendezvous. Am nördlichen Ende flanierten einst die Reichen und Schönen. Kunstwerke wie eine Büste von James Joyce oder das Monument für Wolfe Tone, den Führer des Aufstands von 1798, säumen die Wege. Der Fusilier's Arch erinnert an die 212 Soldaten, die im Burenkrieg für die Britische Armee fielen.

+++ ST. STEPHEN'S GREEN +++ LUAS GREEN LINE ST. STEPHEN'S GREEN +++ STSTEPHENSGREENPARK.IE +++ MO-SA 7.30 UND SO/FEI 9.30 BIS SONNENUNTERGANG +++ KOSTENLOS +++

LITTLE MUSEUM OF DUBLIN

In dem kleinen, mit diversen Preisen dekorierten Museum in einem georgianischen Haus kann man historische Objekte wie alte Fotografien, persönliche Erinnerungsstücke oder Spielzeug besichtigen. Ein Raum im zweiten Stock beschäftigt sich ausschließlich mit der Dubliner Rockgruppe *U2*. Viele interaktiv zu bedienende Tools bereiten vor allem Kindern Freude.

+++ 15 ST. STEPHEN'S GREEN N +++ LUAS GREEN LINE DAWSON STREET ODER ST. STEPHEN'S GREEN +++ LITTLEMUSEUM.IE +++ TÄGL. 10-17 UHR, LETZTE FÜHRUNG (ENGLISCH) 17 UHR +++ TICKET (EINTRITT NUR MIT GEFÜHRTER TOUR) 10 EURO, ERM. 8 EURO, ALL DAY TICKET (OHNE SICH AUF EINE UHRZEIT FESTLEGEN ZU MÜSSEN) 15 EURO, FAMILIENTICKET 25 EURO +++

BEWLEYS ORIENTAL CAFÉ

Altehrwürdiges Kaffeehaus seit 1870 mit beeindruckender Fassade, Buntglasfenstern und Skulpturen. Der vorzügliche Cappuccino, gebrüht mit Bewleys Signature Grafton Street Espresso Blend N° 78, kostet 4,40 Euro. Apfelkuchen bzw. Traditional Apple Pie 7 Euro das Stück.

+++ 78/79 GRAFTON STREET +++ LUAS GREEN LINE DAWSON +++ BEWLEYS.COM +++ MO-SA 7.30-19/20 UHR, SO 9-19 UHR +++

SALAMANCA TAPAS BAR & RESTAURANT

Das kommt mir Spanisch vor! Tapas muy buenas ab ca. 5 Euro, Lunch für 14 Euro und gute spanische Weine in nettem Ambiente.

+++ 1 ST. ANDREW'S STREET +++ LUAS GREEN LINE TRINITY +++ SALAMANCA.IE +++ MO-DO AB 16 UHR, FR/SA AB 12 UHR, SO/FEI AB 13 UHR +++

IL FORNAIO □→

Buon giorno! Eine Mini-Cafeteria Italiana mit super Kaffee, geröstet in Dublin, Kuchen oder Pizza, Bruschetta, Panini, auch vegan. Der italienischsprachige Radiosender läuft im Hintergrund. Antonietta bedient.

+++ 15 COLLEGE GREEN +++ LUAS GREEN LINE TRINITY +++ ILFORNAIOCOLLEGEGREEN.COM +++ MO-FR 8-17 UHR, SA 10-18 UHR +++

CAFÉ EN SEINE

Dies ist ein Traum aus mehreren Bars, Event-Areas, Restaurant-Nischen und einem Pariser Straßencafé indoor. Alles verteilt über drei Stockwerke und im Jugendstil-Design. Sandwich mit Rotisserie Chicken und Fritten für 12 Euro.

+++ 40 DAWSON STREET +++ LUAS GREEN LINE DAWSON +++ CAFEENSEINE.IE +++ TÄGL. MEIST 11.30-0 UHR, DO UND WOCHENENDE LÄNGER +++

+++++++++++ AUSGEHEN +++++++++++

DICEY'S GARDEN

Party forever! Eine der beliebtesten und größten Bars der Stadt erstreckt sich über mehrere Stockwerke, wo sich jeweils verschieden gestylte Kneipen und Nachtclubs befinden. Der Clou ist der größte (und beheizte!) Biergarten Dublins.

+++ 21-25 HARCOURT STREET +++ LUAS GREEN LINE HARCOURT +++ RUSSELLCOURTHOTEL.IE/DICEYS-GARDEN +++ TÄGL. AB 12 UHR IST DIE CARVERY GEÖFFNET (DIE BARS UND NIGHTCLUBS IM HAUS HABEN UNTERSCHIEDLICHE ÖFFNUNGSZEITEN, SIEHE WEBSITE) +++

NATIONAL CONCERT HALL

Die erste Adresse des Landes für klassische und andere Konzerte mit 1.200 Sitzplätzen und einer Konzertorgel! Es finden aber auch Lunchtime- und Outdoor-Konzerte statt.

+++ EARLSFORT TERRACE +++ LUAS GREEN LINE HARCOURT +++ NCH.IE +++ KARTENRESERVIERUNG ONLINE +++ GEÖFFNET JE NACH VERANSTALTUNG +++

+++++++++++ SHOPPEN +++++++++++

AVOCA

Laden und Café in einem. Typische Lebensmittel einkaufen und Kleidung aus irischer Wolle shoppen, in Irland gefertigt, Schmuck oder schöne Grußkarten. Danach einen Kaffee? Hier bekommt man alles.

+++ 11-13 SUFFOLK STREET +++ LUAS GREEN LINE DAWSON +++ AVOCA.COM/EN/STORES-AND-CAFES/SUFFOLK-STREET +++ MO-SA 9-18 UHR, SO 10-18 UHR +++

2

SIOPAELLA

Schicke Secondhand-Designerteile wie Handtaschen von Louis Vuitton, Mode von Chanel, Schuhe, Schmuck, Sonnenbrillen. Perfekt zum Stöbern!

+++ 30 WICKLOW STREET +++ LUAS GREEN LINE DAWSON +++ SIOPAELLA.COM +++ MO-SA 10-18 UHR +++

++++++++++++ SCHLAFEN ++++++++++++

BROOKS HOTEL

Location! Mittendrin und ganz nah dran, trotzdem ruhig. Das stilvolle Boutiquehotel mit hübschen Zimmern bietet jeden Komfort: Ohrenbackensessel, großer Schreibtisch, riesiges Bett. Das Frühstück lässt keine Wünsche offen, der Staff ist freundlich. Kleines DZ um 170 Euro.

+++ 62 DRURY STREET +++ LUAS GREEN LINE ST. STEPHEN'S GREEN +++ BROOKSHOTEL.IE +++

ALBANY HOUSE

Elegantes Drei-Sterne-Hotel in einem georgianischen Haus mit Sofas und goldgerahmten Spiegeln im Herzen der City. Sehr saubere Zimmer. DZ mit Bad im Schnitt 110 Euro, Frühstück 5 Euro. Diverse Special Offers.

+++ 84-85 HARCOURT STREET +++ LUAS GREEN LINE ST. STEPHEN'S GREEN +++ ALBANYHOUSEDUBLIN.COM +++

3
KILMAINHAM UND THE LIBERTIES

+++ ERLEBEN +++

WESTLICH DES STADTZENTRUMS liegen die ältesten Stadtteile The Liberties und Kilmainham, wo sich als markantester Blickpunkt die berühmte Guinness Brauerei befindet, Irlands meistbesuchte Sehenswürdigkeit. Auch Whiskey-Destillerien haben sich hier (wieder) angesiedelt. Das Zentrum von The Liberties, dem einst vor den Toren der Stadt gelegenen ehemaligen Gerber- und Färberviertel, bildet die St. Patrick's Kathedrale. Kilmainham bringt man vor allem mit dem Gefängnis gleichen Namens in Verbindung, in dem viele irische Freiheitskämpfer inhaftiert waren.

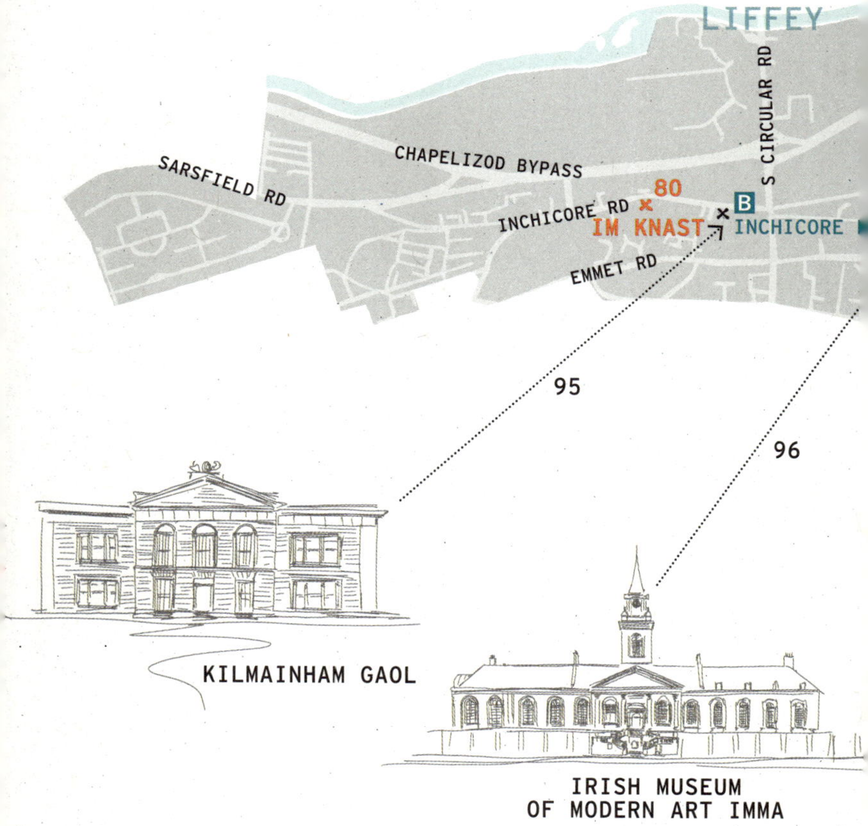

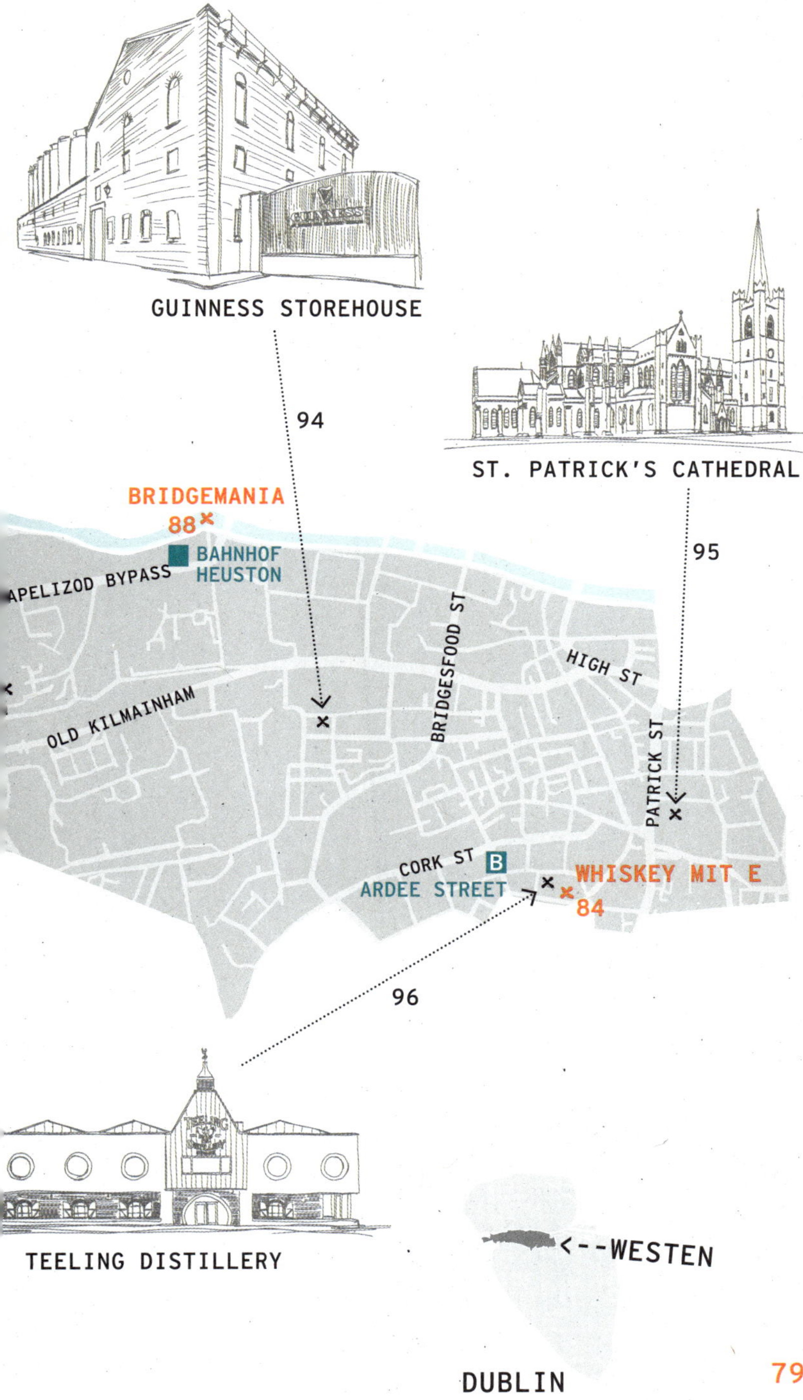
GUINNESS STOREHOUSE
94
ST. PATRICK'S CATHEDRAL
95
BRIDGEMANIA
88
BAHNHOF HEUSTON
APELIZOD BYPASS
OLD KILMAINHAM
BRIDGESFOOD ST
HIGH ST
PATRICK ST
CORK ST
B
ARDEE STREET
WHISKEY MIT E
84
96
TEELING DISTILLERY
<--WESTEN
DUBLIN

IM KNAST

EIN BESUCH IN KILMAINHAM GAOL – NATIONALDENKMAL UND MUSEUM

KILMAINHAM-->
UND THE LIBERTIES

× B INCHICORE RD

+ + + S T E C K B R I E F + + +

WO? INCHICORE RD +++ LUAS RED LINE SUIR ROAD, BUS 69/79 INCHICORE ROAD +++ WANN? OKT.-3. APRIL 9.30-17.15 UHR, 4. APRIL-31. MAI 9.30-17.45 UHR, JUNI-AUG. 9.30-18.15 UHR, SEPT. 9.30-17.45 UHR +++ KILMAINHAMGAOLMUSEUM.IE +++ WIE LANGE? FÜHRUNG (ENGLISCH) EINE STUNDE, MUSEUM CA. 30 MINUTEN +++ WICHTIG! VORAUSBUCHUNG EMPFOHLEN, DA STARKER ANDRANG; 15 MINUTEN VORHER DA SEIN! +++ WIE VIEL? ERWACHSENE 8 EURO, SENIOREN 6 EURO, KINDER (12-17 JAHRE)/STUDENTEN 4 EURO, KINDER UNTER 12 JAHREN KOSTENLOS, FAMILIENTICKET (2 ERWACHSENE, 2-3 KINDER VON 12 BIS 17 JAHREN) 20 EURO +++

3

DER GROSSE GRAUE KLOTZ wirkt echt nicht anheimelnd. Es dauert eine Weile, bis ich ihn – immer an der Mauer entlang – umrundet habe und am Eingang bin. Zunächst geht alles ganz entspannt zu. Einheimische und ausländische Besucher kaufen ihre Tickets, manche stöbern im Shop und sehen sich die Bücher an, ein Grüppchen lacht über irgendetwas. Dann werden wir aufgerufen. Die Führung um elf Uhr, bitte! Und jetzt trifft mich dieses fiese Gefühl mit voller Wucht. Wir stehen in einem düsteren, zugigen Gang. Kritzeleien an steinernen Wänden. Geschlossene, wuchtige Zellentüren aus Holz mit Guckloch. Wie mag sich das angefühlt haben hinter dieser Tür? »Wenn die Mauern erzählen könnten, würden sie von heroischen und schrecklichen Geschichten berichten«, sagt unsere Guide. Eine davon geht so: In der Gefängniskapelle, in der wir uns nun befinden, heiratete am 4. Mai 1916 um halb zwei in der Frühe Joseph Plunkett, Anführer des Osteraufstandes, seine Geliebte Grace Gifford. Um 3.30 Uhr wurde er erschossen.

ICH STEHE IN DER MITTE eines riesigen Lichthofs, um den herum die Zellen angeordnet sind, und drehe mich um meine eigene Achse. Die Dimensionen sind gigantisch. Da, eine Zellentür steht offen! Ich trete ein. Kalt und grau, ein unverglastes, vergittertes Oberlicht. Graffiti an den Wänden. Klaustrophobie beschleicht mich. »Ein Strohsack und ein Eimer waren noch drin!«, reißt mich die Stimme der jungen, kundigen Führerin aus meinen Gedanken. Sie gibt uns quasi einen Schnellkurs in der blutigen irischen Geschichte. So gut wie jeder der Revolutionäre und Rebellen, die gegen die britischen Besatzer kämpften, war hier einmal eingesperrt; viele wurden hingerichtet, prominente und weniger prominente. Ein Who is who der irischen Historie. Während der großen Hungersnot waren Menschen einfach wegen Stehlens oder Bettelns eingekerkert. »Viele legten es sogar darauf an, denn hier bekam man zu essen und hatte ein Dach über dem Kopf!«, sagt die Führerin. Und dass ein sechsjähriger Junge hier einige Wochen einsaß, weil ihm sein Vater die Zugfahrkarte nicht bezahlen konnte. Selbst wer wenig auf dem Kerbholz hatte, konnte auch per Schiff nach Australien deportiert werden ...

1796 WURDE DAS GEFÄNGNIS ERÖFFNET und 1924 geschlossen. Seitdem ist es Nationaldenkmal und Museum. Am Ende sperrten übrigens nicht die Briten, sondern die Bürgerkriegsparteien hier ihre Gefangenen ein. Der letzte Gefangene war der spätere Regierungschef Éamon de Valera.

Wir stehen im Exekutionshof. »Hier wurden die 14 Rebellen des Osteraufstands von 1916 hingerichtet. Einer davon, James Connolly (siehe S. 62), war schon vorher so schwer verwundet, dass er auf einen Stuhl gebunden vor seine Exekutoren gesetzt wurde.« Die Stelle am Boden ist mit einem schwarzen Kreuz markiert. Mich fröstelt. Ein eisiger Wind fegt über den Hof. Nicht nur er treibt vielen der Anwesenden Tränen in die Augen. Im angeschlossenen Museum kann man per Knopfdruck abstimmen, ob man pro oder contra Todesstrafe ist. Als ich den Kopf hebe, sehe ich das Gesamtergebnis auf dem Bildschirm: 475.964 sind dagegen, 291.947 dafür. Nun kann ich meine Tränen nicht mehr halten.

3

WENN MAN SCHON MAL HIER IST:
Die Skulptur *The Proclamation* □→ von Rowan Gillespie steht gegenüber von **Kilmainham Gaol** und verkörpert eindrücklich die Geschichte: 14 Figuren mit verbundenen Augen und Einschusslöchern im Körper erinnern an die Exekutionen von 1916, verübt an den Teilnehmern der Osteraufstände und den Autoren der irischen Unabhängigkeitserklärung.

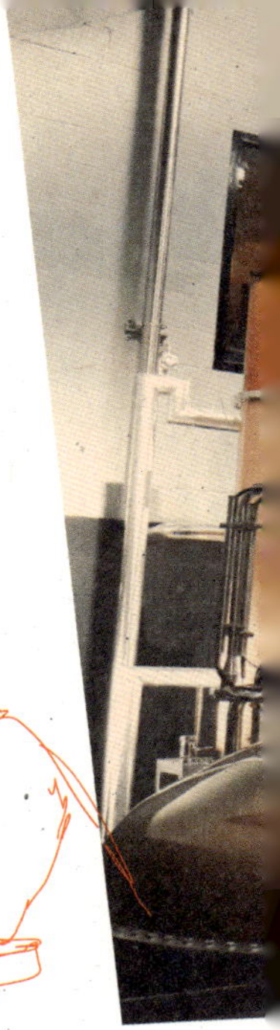

WHISKEY MIT E

BRENNEREI THE LIBERTIES

KILMAINHAM-->
UND THE LIBERTIES

+ + + S T E C K B R I E F + + +

+++ WO? 33 MILL STREET +++ BUS 150 ARDEE STREET, 49/54A LONG LANE +++ WANN? TOUREN AN WOCHENTAGEN STÜNDLICH VON 14 BIS 17 UHR (VORAUSBUCHUNG ERFORDERLICH!), AM SAMSTAG UND SONNTAG STÜNDLICH VON 11 BIS 17 UHR +++ THEDLD.COM +++ WIE LANGE? CA. EINE STUNDE +++ WIE VIEL? TOUR AN WOCHENTAGEN 16 EURO, SENIOREN/STUDENTEN 14 EURO, KINDER IN BEGLEITUNG ERWACHSENER 5 EURO, SAMSTAG/SONNTAG 18 EURO, SENIOREN/STUDENTEN 15 EURO, KINDER IN BEGLEITUNG ERWACHSENER 6 EURO +++

AUF DEN SPUREN des liebsten oder zweitliebsten Getränks der Iren – da scheiden sich die Geister – lande ich ganz schnell im Stadtteil The Liberties. Der Name ist von der Vergangenheit inspiriert: Das Viertel hatte seine eigene Rechtsprechung. »Denn hierher kam man auch, um illegale Sachen zu machen!«, erzählt unser Guide Andy. Zum Beispiel schwarz Whiskey brennen. Im Wasserraum der Destillerie erklärt er, dass einst 37 Destillerien und 26 Brauereien in Dublin ansässig waren. »Doch um die Jahrtausendwende gab es so gut wie keine mehr in Irland, und in Dublin schon gar nicht!« 1974 schloss die letzte ihre Pforten. Für den schrittweisen Niedergang gibt es vielerlei Gründe: die Prohibition in Amerika, das Handelsembargo der Engländer gegen Irland, die Anti-Alkohol-Bewegung, ein neues Verfahren der Whisky-Herstellung in Schottland. »Doch nun«, sein Gesicht leuchtet auf, »haben wir hier im Distillery District, auch goldenes Dreieck genannt, wieder vier in unmittelbarer Nachbarschaft!«

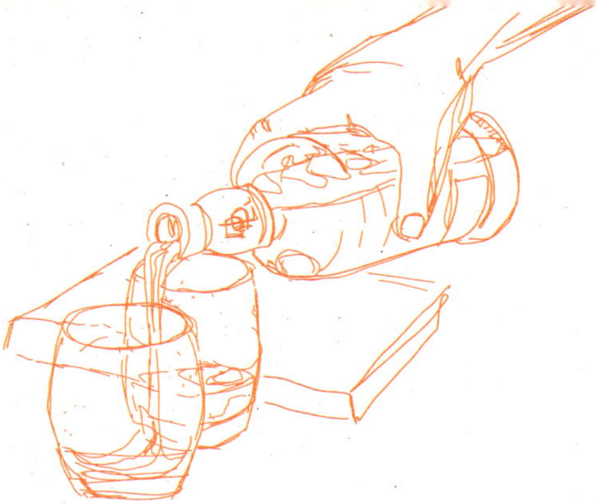

TEELING, PEARSE LYONS, Roe & Co und Liberties, die jüngste von allen. Sie bezieht ihr Wasser aus einem eigenen, drei Meter tiefen Brunnen. »Wir machen nur Single Malt!«, betont er. Dreimal wird der irische Whiskey destilliert, was ihm eine floralere Note gibt als dem Scotch oder gar Bourbon. Bei den letzten Worten verzieht Andy das Gesicht.

Der Maische wird Hefe zugesetzt. Wash werde diese Flüssigkeit nun genannt und entspreche mit ihren 8–10 % Alkoholgehalt einem starken Bier. Wir machen Bekanntschaft mit den Kesseln, denen sogar liebevoll Namen gegeben wurden. Die »three lovely ladies« heißen Lucy, Darkey Kelly nach einer Dame, die einst 27 Kneipen besaß, und Molly Malone (siehe S. 104). »Die ist die heißeste!«, lacht Andy: Hier werde auf 88–110 °C erhitzt, und heraus komme ein Gebräu mit einem Alkoholgehalt von 94,6 %. Zugegeben, er ist manchmal schwer zu verstehen mit seinem Dubliner Slang, aber das macht nicht wirklich was. In der Tannery Bar probieren wir schließlich. Tannery, weil hier früher einmal (1720) eine Gerberei war. Jeder Name hier hat irgendeine Bedeutung und wurde mit Bedacht gewählt. Also los: Farbe anschauen, Nosing-Glas schwenken, schnuppern, die Schlieren bewundern, die der Whiskey an die Innenwand des Glases legt, und … andächtig nippen. Sláinte! Das brennt leicht auf Zunge und Gaumen. Im Magen breitet sich ein warmes Gefühl aus. Und welche Aromen bemerken wir?

HM, VANILLE, HOLZ, APFEL. Und eine dezente Pfeffernote. Wir seien ja schon richtige Connaisseure, lobt uns Andy. Also weiter zum nächsten, dem Oak Devil, Eichenteufel. Der hat eine dunklere Farbe und schmeckt ein wenig süß-aromatisch wie Sultaninen. Tatsache, eine Whiskeyprobe ist ein sehr sinnliches Erlebnis. Riechen, schmecken, schmatzen, spüren. Vor meinem geistigen Auge tauchen Torffeuer auf, kristallklares Wasser, der Blick übers Meer. Und das Lied *Whiskey in the Jar* geht mir durch den Kopf. Irischer Whiskey ist ein bisschen mehr – schon beim Buchstabieren: Das zusätzliche e kommt vom irisch-gälischen Wort für Wasser und Leben »uisce beatha«. Auch seine Reifezeit ist um einen symbolischen Tag länger als die des schottischen Whiskys mit seinen drei Jahren, wie die Iren immer wieder stolz betonen.

Wir behalten den rubinroten Copper Alley noch einen Moment im Mund; eine »nice and thick line« hatte der im Glas hinterlassen und schmeckt nach Rauch, roten Früchten und Chili. Ah! Der Whiskey von Liberties ist für Guerilleros, Gauner und Geschichtenerzähler (»for Rebels, Rascals and Raconteurs«)! Da fühlt man sich doch gleich in bester Gesellschaft.

WENN MAN SCHON MAL HIER IST:

In direkter Umgebung befinden sich weitere Whiskey-Destillerien, weshalb die Gegend auch **Distillery District** genannt wird: **Teeling** (13–17 Newmarket, siehe S. 96), **Pearse Lyons** in der ehemaligen **St. James Church** (121–122 James's St) □→, und **Roe & Co** (91 James's St). Wem also nach weiteren Tastings zum Vergleich ist, der wird schnell fündig.

BRIDGEMANIA

ÜBER SIEBEN BRÜCKEN – MINDESTENS!

+ + + S T E C K B R I E F + + +

+++ WO? HEUSTON BRIDGE +++ LUAS RED LINE HEUSTON, DART UND BAHN DUBLIN HEUSTON, BUS 51D/52/79 U.A. HEUSTON STATION +++ WANN? SCHÖN BEI SONNENAUFGANG, WENN MAN RICHTUNG OSTEN LÄUFT, ABER AUCH TAGSÜBER ODER NACHTS +++ WIE LANGE? CA. EINE STUNDE +++ WIE VIEL? KOSTENLOS +++

DA GAB ES SICHER EINIGES an Tamtam bei der Eröffnung der Kings Bridge im Jahre 1828. Immerhin bestand sie aus einem einzigen gusseisernen Bogen und sieht nach wie vor recht schmuck aus. Die Pferdebahn fuhr einst darüber. Heute ist es die Luas, die Straßenbahn, die hier die Flussseite wechselt – neben Fußgängern, Autos und Radfahrern. 1941 wurde die Brücke im Gedenken an einen der Anführer des Osteraufstands (siehe S. 60) umbenannt in Sean Heuston Bridge. Ein Brückenspaziergang mit Lektionen in Geschichte und Architektur? Warum nicht. Doch bevor ich die Liffey weiter entlangschlendere, statte ich der Anna-Livia-Bronzeskulptur im Croppies Memorial Park gleich nebenan einen Besuch ab. Es ist die Personifizierung des Flusses Abhainn na Life, wie er auf Irisch heißt. Eine hübsche Dame mit langem Haar scheint auf dem Wasser zu schweben.

DANEBEN: die Frank Sherwin Bridge. Überhaupt scheinen die Brücken nun im Minutentakt zu folgen. Ich passiere die gusseiserne Rory O'Moore und die von Santiago Calatrava zu Ehren von James Joyce (siehe auch S. 105) konzipierte Brücke. Dessen Kurzgeschichte *The Dead* spielt im Haus Nr. 15, Ushers Island, am Südende der Brücke. Wie ein weit geschwungener Bogen mit stützenden Strahlen sieht sie aus. Manche erkennen auch ein geöffnetes Buch darin, da die Bögen leicht nach außen weisen. Eröffnet wurde sie natürlich am Bloomsday, dem alljährlichen Gedenktag für Joyce' *Ulysses*, am 16. Juni 2013. Es folgen die Steinbogenbrücken Liam Mellows, Father Mathew, O'Donovan Rossa und Grattan. Auf Letzterer begeistern mich die grünen Ornamente der Seepferdchen an den Laternenständern. Nach der Millennium Fußgängerbrücke, die ich nur wenig spektakulär finde, bin ich endlich bei everybody's darling angelangt, der Ha'penny Bridge. Sie ersetzte die sieben Fähren, die hier übers Wasser pendelten, was anfangs einen halben Penny Wegzoll kostete. Die grazilen, weiß angestrichenen Bögen, unter denen man hindurchspaziert, lassen sie geradezu elegant wirken, vor allem nachts, wenn sie beleuchtet ist.

IHRE LAGE ALS EINGANGSTOR zum Kneipenviertel Temple Bar macht sie zu einer der meist begangenen Brücken. Mal links-, mal rechtsliffeyisch lässt es sich herrlich weiterflanieren auf den Promenaden direkt am Wasserlauf. Ab und an ist ein Päuschen fällig. Der Kiosk namens Like a Coffee am Bachelors Walk wartet nur darauf. Während ich Kaffee schlürfe, betrachte ich mir die mächtige O'Connell Bridge genauer. Ab 1791 wurde sie erbaut und heißt nun nach dem irischen Befreier Daniel O'Connell. Mit 50 Metern ist sie nach einigen Umbauten heutzutage breiter als lang, imposant und möwenumschwirrt. Es folgen vier weitere Übergänge, bevor ich bei meinem weithin sichtbaren Liebling angelangt bin: der 120 Meter langen Samuel Beckett Bridge, einer Schrägseilbrücke von Santiago Calatrava. Ich komme einfach nicht darauf, was sie darstellt. Ein Ire neben mir grinst und sagt: »It's a harp!« In der Tat, sie sieht aus wie eine riesige, auf der Seite liegende Harfe, die in den Himmel zeigt. Nationalsymbol des Landes.

WENN MAN SCHON MAL HIER IST:

Wer gut zu Fuß ist, wandert rechts des Flusses weiter meerwärts, und zwar vorbei an der **Tom Clarke Bridge** Richtung Osten bis zum **Poolbeg Lighthouse**. Eine schöne Idee ist es aber auch, das Ganze nun rückwärts in Angriff zu nehmen, und zwar von unten und vom Wasser aus – mit völlig anderer Perspektive: per **City Kayaking** □→. Die Einstiegsstelle ist unweit der **Samuel Beckett Bridge**, siehe S. 119.

WENN MAN SCHON MAL IN KILMAINHAM UND THE LIBERTIES IST

+++ SEHEN +++

+++ ESSEN +++

+++ AUSGEHEN +++

+++ SHOPPEN +++

+++ SCHLAFEN +++

THE DUBLIN
LIBERTIES
DISTILLERY

+++++++++++++ SEHEN +++++++++++++

GUINNESS STOREHOUSE

Schon von Ferne sieht man den Qualm der Schlote und riecht das Malz. Die Brauerei Guinness, steingewordener Mythos auf 26 Hektar, wirkt wie eine kleine Stadt. Im Storehouse Visitor Centre, einem ehemaligen Gärhaus, erfährt der geneigte Bier-Interessent alles über die Braukunst des dunklen Stout und dessen Geschichte. Am Ende gibt's ein Pint in der Gravity Bar im siebten Stock mit 360°-Rundumsicht über die Stadt. Nicht vergessen: Guinness ist gesund. Sláinte!

+++ CRANE LANE (OFF JAMES ST) +++ LUAS RED LINE ST. JAMES HOSPITAL +++ GUINNESS-STOREHOUSE.COM +++ TÄGL. 10-17/18 UHR +++ TICKET INKL. GETRÄNK AB 22 EURO, ERM. 19 EURO, KINDER 5-17 JAHRE 10 EURO, FAMILIENTICKET 54 EURO +++

KILMAINHAM GAOL

Auf Seite 80 empfehle ich eine Führung durch das einstige Gefängnis mit allen wichtigen Fakten. Was noch zu sagen ist: Der Bau wurde 1796 errichtet und bildete damals das »neue Gefängnis« im Gegensatz zum vorherigen, alten. Manchem mag das eine oder andere bekannt vorkommen, denn der Knast diente in vielen Filmen als Kulisse, z. B. in »Im Namen des Vaters«, »Paddington 2«, »Michael Collins« oder »The Escapist – Raus aus der Hölle«. Dass das Gebäude noch steht und heutzutage als Mahnmal und Museum funktioniert, ist ein Glück, denn man war drauf und dran es abzureißen.

+++ INCHICORE RD +++ LUAS RED LINE SUIR ROAD +++ KILMAINHAMGAOLMUSEUM.IE +++ ÖFFNUNGSZEITEN UND TICKETS SIEHE S. 80 +++

←□ SAINT PATRICK'S CATHEDRAL

Die in seiner Geschichte mehrfach umgestaltete, im Innenraum prächtige Kathedrale wurde ab 1191 von Comyn, dem Bischof der Normannen, erbaut. Sein Anliegen war es, eine von der altirischen Christ Church unabhängige Kirche zu schaffen – leider auf sehr sumpfigem Untergrund, weswegen stabile und schwere Fundamente nötig waren. Von außen wirkt die Kirche eher wuchtig, innen sehr fein ausgestaltet.

+++ ST. PATRICK'S CLOSE +++ BUS 27/49 PATRICK'S CATHEDRAL +++ STPATRICKSCATHEDRAL.IE +++ MO–SA MEIST 9.30–17/18 UHR, SO 9–10.30/12.30–14.30 UHR +++ EINTRITT 8 EURO, ERM. 7 EURO, FAMILIENKARTE 18 EURO +++ TIPP: GESUNGENE MESSEN +++

IRISH MUSEUM OF MODERN ART IMMA

Im ehemaligen Royal Hospital Kilmainham, einem 1680–1684 erbauten Alten- und Invalidenheim für Soldaten, befindet sich das reich ausgestattete Museum für moderne irische und internationale Kunst der Gegenwart mit einer Dauer- und vielen Wechselausstellungen. Über 3.500 Kunstwerke aus der Zeit ab den 1940er-Jahren wie Fotografien von Annie Leibovitz oder Werke von Pablo Picasso, Joan Miró, Lucian Freud und Jack Butler Yeats sind zu sehen.

+++ MILITARY RD +++ LUAS RED LINE HEUSTON STATION +++ IMMA.IE +++ DI-SA MEIST 10-17.30 UHR, SO/FEI 12-17.30 UHR +++ KOSTENLOS +++ TIPP: EINTRITTSKARTE IM VORAUS BUCHEN, DA ZUGANG DERZEIT REGLEMENTIERT! +++

TEELING DISTILLERY

Hier im Whiskey-Bermuda-Dreieck ist die Teeling Brennerei sicher die modernste der ansässigen Betriebe. Während der Führung auf Englisch bekommt man Erklärungen zu Brennprozess und Gärung bis hin zur Fertigstellung des »Lebenswassers«. Natürlich werden am Ende verschiedene Whiskeys verkostet.

+++ 13-17 NEWMARKET +++ BUS 27/56A ARDEE COURT +++ TEELINGDISTILLERY.COM +++ TÄGL. GEÖFFNET, TOUREN MO-SA 10-19 UHR (LETZTE AB 17.40 UHR) +++ FÜHRUNG INKL. WHISKEYPROBE AB 17 EURO +++ TIPP: VORAUSBUCHUNG (ONLINE) EMPFOHLEN +++

HEN'S TEETH

Galerie, Laden, Studio und Diner. Frische Zutaten von der Insel finden Eingang in Suppen, Salate, Sandwiches und Ungewöhnliches wie Cranberry-Mayonnaise auf Salbei, Zwiebel-Brioche oder Krabben-Fenchel-Salat.

+++ BLACKPITTS +++ BUS 49/54A LONG LANE +++ HENSTEETHSTORE.COM +++ MI/DO 8-17 UHR, FR 8-0 UHR, SA 10.30-0 UHR, SO 12-18 UHR +++

GUINANS

Ein richtig uriger, zweistöckiger Pub mit der Nachbarschaft am Tresen – und einer der preislich etwas günstigeren. Kleine Bar, an der man leicht ins Gespräch kommt. Ordentliches Pubfood wie Fish & Chips. Sonntags Livemusik.

+++ 131 JAMES'S STREET +++ LUAS RED LINE HEUSTON ODER JAMES'S +++ DO-SA 14-23.30 UHR, SO AB 12 UHR +++

THE PATRIOT'S INN

Nah am Kilmainham Gaol und nah an der Geschichte: Hier kann man erst mal bei einem Kaffee oder Bier durchatmen, abends Comedy Bingo spielen, live Musik hören oder einfach gut essen, wie es sich in einem irischen Wirtshaus gehört.

+++ 760 SOUTH CIRCULAR ROAD +++ LUAS RED LINE JAMES'S +++ PATRIOTSINN.IE +++ TÄGL. 12 BIS CA. 23 UHR +++

CATHERINE'S CAFÉ

Nettes Café mit hervorragenden Kaffeespezialitäten, Frühstück bis in den Nachmittag, Mittagessen und Kleinigkeiten zum Schnabulieren wie Brownies. Full Irish Breakfast 8,95 Euro, Full Veggie Breakfast ab 8,50 Euro.

+++ 16 MEATH STREET +++ BUS 13/40 THOMAS STREET +++ CATHERINESCAFE.IE +++ TÄGL. 9-15 UHR +++

+++++++++++++ AUSGEHEN +++++++++++++

GUINNESS GRAVITY BAR

Ein teurer Spaß, aber lohnend: Die Kneipe hoch oben über den Dächern Dublins dreht sich um sich selbst und bietet einen spektakulären Rundumblick. Das Ganze gönnt man sich bei einem perfekt gezapften und temperierten Guinness, versteht sich.

+++ CRANE LANE (OFF JAMES ST) +++ LUAS RED LINE ST. JAMES HOSPITAL +++ WWW.GUINNESS-STOREHOUSE.COM/DE/GRAVITY-BAR +++ DERZEIT 10-18 UHR +++ TIPP: ONLINE-TICKETS SIND BILLIGER +++

THOMAS STREET

In und um diese Straße finden sich mehrere Bars und Pubs, die zu einem Besuch einladen: etwa Vicar Street Venue (24 Holless Street, vicarstreet.com) mit Musikevents oder das Aloft Hotel (1 Mill Street, marriott.com/en-us/hotels/dubal-aloft-dublin-city/dining), wo man in der Rooftop-Bar Cocktails schlürfen kann.

+++ THOMAS STREET +++ LUAS RED LINE SMITHFIELD +++

+++++++++++++ SHOPPEN +++++++++++++

DUBLIN FOOD CO-OP

In der Non-Profit-Organisation, die von Mitgliedern betrieben wird, geht's ökologisch und biologisch zu: Lebensmittel, auch ohne Verpackung, frisches, lokales Obst und Gemüse, Nüsse. Gut für nachhaltig hergestellte Mitbringsel und irische Spezialitäten wie Käse.

+++ UNIT 1, BUILDING 1, THE OLD CHOCOLATE FACTORY, KILMAINHAM SQUARE, INCHICORE ROAD +++ BUS 69/79 INCHICORE ROAD +++ DUBLINFOOD.COOP +++ TÄGL. 9.30-18/19 UHR, DI AB 12 UHR +++

□↑ JAM ART FACTORY

Irische Kunst und Design. Wunderschöne und auch witzige Druckerzeugnisse, Filzuntersetzer, Tassen, von Hand bemalte Broschen und mehr in einem kleinen, hübsch gestalteten Laden.

+++ 64/65 PATRICK STREET +++ BUS 49/54A PATRICK STREET +++ JAMARTFACTORY.COM +++ TÄGL. 10-18 UHR +++

3

++++++++++++ SCHLAFEN ++++++++++++

HYATT CENTRIC THE LIBERTIES DUBLIN

Der Name des gleich neben der Guinness Brauerei gelegenen Vier-Sterne-Hotels hält, was er verspricht: Großzügig geschnittene Zimmer und ebensolche Bäder. Die Räume in den oberen Stockwerken bieten weite Ausblicke. Großartiges Frühstück. DZ um die 200 Euro.

+++ DEAN STREET +++ BUS 27/49 PATRICK'S CATHEDRAL +++ HYATT.COM +++

GARDEN LANE HOSTEL

Mit Dachterrasse für den ungehinderten Blick über The Liberties! Sauberes Hostel mit funktionalen Mehrbett-, Doppel- oder Einzelzimmern und hübschen Gemeinschaftsräumen. Bett ab 17 Euro, DZ mit Bad am Flur ca. 100 Euro.

+++ 8 GARDEN LANE +++ BUS 150 THE COOMBE +++ CANBE.IE/GARDEN-LANE-ROOMS.HTML +++

MEAT
F.X. BUCKLEY.
DUBLIN TOWN
Proud Member

4
DER NORDEN DER STADT
+++ ERLEBEN +++

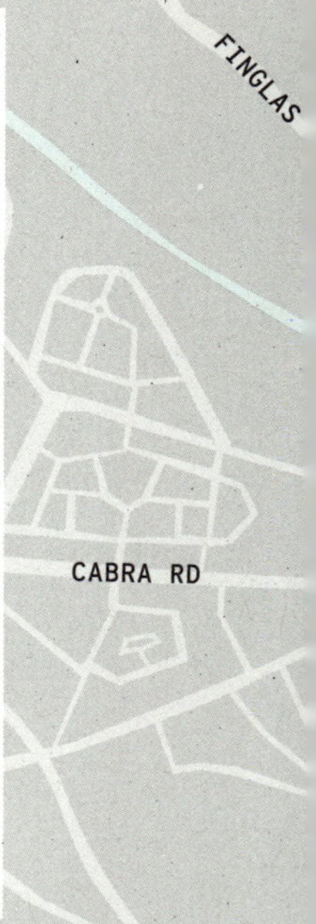

KUNST IN der Hugh Lane Gallery und im National Museum of Ireland – Decorative Arts & History und der riesige Phoenix Park charakterisieren die flächenmäßig größte Wohngegend der Stadt. Die O'Connell Street, mit im Schnitt 49 Metern die breiteste Straße Irlands, ist ihre von Statuen gesäumte Lebensader. Dort pulst das Leben, fährt die Luas (Straßenbahn), finden sich Geschäfte, Pubs und Kinos sowie die weithin sichtbare, silbrige Nadel des Spire, mit über 120 Metern eine der höchsten Skulptur der Welt.

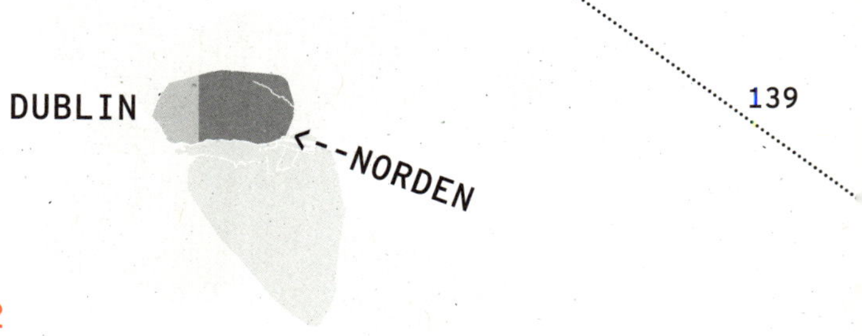

NA FIANNA
GAA CLUB B
HERZBLUT,
LEIDENSCHAFT
UND KULTURELLE
IDENTITÄT
120
139
NATIONAL BOTANIC
GARDENS
BOTANIC RD
DRUMCONDRA STATION
DUBLIN CITY GALLERY
N CIRCULAR RD
140
DORSET STREET LOWER
112
HOCH HINAUS!
BOTANIC RD
PARNELL ST
T B PARNELL
GENERAL POST OFFICE
STRAAAAAAHBERRS!
140
O'CONNELL ST
THE
SPIRE
132
B T S CONNOLLY
MOLLY MALONE
ERZÄHLT …
108
HACKE, SPITZE …
B T
ABBEY
STREET
T BUSÁRAS
LUAS
STOP
B 104
CAPUCHIN
CHURCH
116
IN DIE BERGE
UND AN DIE SEE
128
OH, LÀ, LÀ!
C'EST SI BON!
138
NATIONAL MUSEUM OF IRELAND
PHOENIX PARK

MOLLY MALONE ERZÄHLT …

SPRECHENDE STATUEN

DER NORDEN
DER STADT-->

+ + + S T E C K B R I E F + + +

+++ WO? EARL STREET NORTH +++ LUAS GREEN LINE O'CONNELL - GPO, BUS 40/122 U.A. O'CONNELL STREET UPPER +++ WANN? JEDERZEIT +++ TALKINGSTATUESDUBLIN.IE +++ WIE LANGE? NACH GUSTO, ETWA 2-3 STUNDEN +++ WICHTIG! SMARTPHONE MITNEHMEN, DIE STATUEN SPRECHEN ENGLISCH +++ WIE VIEL? KOSTENLOS +++

»WIE ICH HIERHERKOMME, weiß ich auch nicht«, sagt der große Dichter James Joyce. »Die Leute denken immer: Wann kommt er endlich mal runter, um auf die Toilette zu gehen? Haha. Aber nicht einmal das werde ich. Situationen und Menschen ziehen an mir vorbei, Gesichter, Fahrräder, Worte …« Dass ich dem Literaturgenie heute lausche, liegt an dem aufgedruckten Barcode der sprechenden Statue. Was für eine schöne Idee! Einscannen, und los geht's. Joyce steht zwar in einer Seitengasse der O'Connell Street, war aber mithilfe des Talking-Statues-Stadtplans auf der Website leicht zu finden. Dasselbe kann man vom Barcode nicht behaupten: Er befindet sich an der Seitenwand des Tourismusbüro-Kiosks neben der Statue. Flugs mit dem Smartphone drüber, und Joyce (1882–1941) wird wieder lebendig und ruft mich zurück. Wie toll ist das denn!

ICH GEHE RAN und habe den Autor von *Ulysses* am Apparat. Der Text ist originell, witzig geschrieben vom irischen Schriftsteller Roddy Doyle, und überzeugend vom bekannten Schauspieler Gabriel Byrne eingesprochen. Zwölf der bekanntesten Dubliner Statuen hat man bislang auf diese Weise neues Leben eingehaucht. Schräg gegenüber im neoklassizistischen Gebäude der Hauptpost, von den Dublinern meist nur kurz GPO – General Post Office – genannt, steht die bronzene Skulptur Cúchulainns, geschaffen von Bildhauer Oliver Sheppard in einer Art Schaufenster. Ich betrete die sehenswerte Schalterhalle und betrachte die Figur aus der keltisch-irischen Mythologie. Nackt und in heroischer Pose dargestellt symbolisiert sie den Tod des tapferen Kriegers. Darüber möchte ich mehr wissen und rufe an. Ring, ring! Mich schaudert's, als der Held mit rauer Stimme erzählt, wie ihn seine Freundin Bláthnat an die Feinde verriet. »Noch im Sterben blickte ich meinem Gegner Lugaid in die Augen«, flüstert er mir ins Ohr. Dass das Monument ausgerechnet hier steht, kommt nicht von ungefähr, war doch das GPO Schauplatz des Osteraufstandes von 1916 (siehe S. 60) und ist daher Symbol für den Kampf der irischen Freiheitskämpfer.

DIE STADT SEHE ICH bereits jetzt mit anderen Augen. Ein Stück die Straße runter treffe ich auf den Gewerkschaftsführer James Larkin, dann auf Daniel O'Connell, den Befreier. Am Meeting Place sitzen zwei Tratschweiber als Statuen auf einer Bank. »The Hags with the Bags«, die alten Schachteln mit den Taschen, werden sie im Volksmund genannt. »Watch your bag!«, rät mir die eine telefonisch, denn auch ihr sei hier die Tasche geklaut worden. »Meine Freundin hat mir aber wieder eine schöne neue gemacht!« Interessant ist, dass die Tasche der Bronzeskulptur in Po-Form zum bequemen Sitzen einlädt. Über den Fluss Liffey schlendere ich in Richtung der wahrscheinlich bekanntesten aller Figuren, wie immer von Touristen umlagert: Molly Malone. Sofort kommt mir das Lied über die Fischverkäuferin mit horizontalem Nebenjob in den Sinn (siehe S. 18), doch jetzt will ich Molly selbst hören. Klingeling! Hallo? Molly erzählt, dass alle ständig nur Selfies mit ihr machen. »Jeder tatscht mich an, und das vor einer Kirche!«, entrüstet sie sich. Tatsache, eben hat wieder einer an ihren Busen gefasst, dabei würde sie so gerne einmal mit jemandem reden. »Über Blumen würde ich mich auch freuen!«, sagt »The Tart with the Cart« – die Zuckerpuppe mit dem Marktkarren. Rufen Sie sie an. Es lohnt sich.

WENN MAN SCHON MAL HIER IST:
Ein frisch gezapftes Guinness auf Molly! Das und viele andere Biere gibt es gleich gegenüber im **O'Neills** ⇨ (2 Suffolk St), einem schönen, über 300 Jahre alten Pub mit Holzvertäfelung und roten Ledersitzen. Unten ist die Bar, oben ein Biergarten auf dem Dach, und außerdem hat's eine gut sortierte Whiskey-Ecke. Sláinte!

STRAAAAAAHBERRS!

OBST, BLUMEN UND GESCHREI AUF DEM MOORE STREET MARKET

+ + + S T E C K B R I E F + + +

+++ **WO?** MOORE STREET +++ LUAS GREEN LINE O'CONNELL UPPER, BUS 4/7/9/13 U.A. ROTUNDA +++ **WANN?** MONTAG BIS SAMSTAG, CA. 10 BIS 16 UHR +++ IOMST.IE/MARKET/MOORE-STREET-MARKET +++ **WIE LANGE?** UNGEFÄHR EINE STUNDE +++ **WIE VIEL?** KOSTENLOS +++

ICH BIEGE UM DIE ECKE und sehe links und rechts des schmalen, mit Kopfstein gepflasterten Sträßchens wackelige Stände auf Rädern mit blau-weiß-gestreiften Markisen. In den Auslagen Holzkisten mit Bergen von Äpfeln, Mandarinen, Zitronen, afrikanischen Stoffen, Peperoni, Fisch. Und Molly Malone (siehe S. 104) hätte sicher gut hinter den Fischstand gepasst. Dekorativ gebundene Blumensträuße werden in schwarzen Eimern angeboten. Handgemalte Pappschilder verkünden, dass fünf Orangen oder zehn Äpfel heute nur einen Euro kosten. Doch noch bevor ich irgendetwas sehe und lese, höre ich: »Straaaaaahberrs!« – und das Rattern einer schwer mit Stoffballen beladenen Sackkarre, die übers Pflaster gezogen wird. Sicher, dem Touristen empfiehlt man den stylishen Temple Bar Food Market oder den Liberty Market, auf dem Schnäppchenjäger sogar Kleidung kaufen können.

DOCH WAHRES DUBLINER MARKTLEBEN findet man hier, und das seit dem 18. Jahrhundert. Selbst wenn man nichts einkaufen möchte, lohnt sich das Herkommen einfach wegen der Geschichten und Rufe der Marktschreier im »Moore-Street-Akzent«. Wer diesen benutzt, lässt anscheinend einige Laute weg, denn es dauert eine Weile, bis ich die Straaaahberrs als Strawberries, als Erdbeeren, identifiziere. Bei den Banaaaaanas geht es leichter. Nur fünf Euro kostet heute die große Tüte Äpfel: »Big bag of apples, get one ferra fiver!« Eine kostenlose Lektion in Mundart also. Von rechts peilt mich ein Typ an und zischt etwas, das klingt wie »Bacco«. Hä? Mit verschwörerischem Blick zeigt er mir eine unter der Lederjacke versteckte Zigarettenstange. Kein Bedarf, doch ein anderer greift zu. Die Dame am Stand mit den bunten Stoffen verwickelt mich gleich in ein Gespräch. Aus Nigeria kämen die, sie selbst aber aus Sambia. »Welcher gefällt Ihnen denn nun am besten? Sind sie nicht wundervoll? Schauen Sie, es gibt verschiedene Preisstufen, my love!« usw. usf. Das Wortgeplänkel dauert gut und gerne fünf Minuten. Ich kapituliere ob der Vielfalt und verspreche, am nächsten Tag wiederzukommen. »I'ma waiting for you, honey!«, antwortet die sprachbegabte Verkäuferin.

HINTER DEN BUDEN befinden sich ethnische Geschäfte mit Food aus Polen, Asien, Afrika, Brasilien, Rumänien. Irgendwie scheinen sie in den Markt integriert, denn zwischen Ladengeschäften und Ständen wuseln Menschen hin und her, schaffen Waren von einer Ecke in die andere. Indische Gewürze, Reis im 20-Kilo-Sack, tropische Früchte, Ersatzakkus fürs Handy, Trockenfisch aus dem Kaspischen Meer und Serviceleistungen wie das Zwirbeln von Dreadlocks. Was immer das Herz begehrt, man wird es finden. Und da ist F. X. Buckley, die bekannte Metzgerei. Vor dem Laden weisen zwei in den Boden eingelassene Mosaike auf das hin, was es hier gibt: Schafkopf und Rind. Veganer wenden sich mit Schaudern ab, doch wer hinschaut, staunt: Sägespäne liegen am Boden, ein Herr mit weißer Schürze packt Schweinsfüße in die Auslage. Auch Tierfelle stehen zum Verkauf und hängen an den Wänden. Hier wird das ganze Tier verwertet »from nose to tail«. Was man neuerdings gerne in der High-End-Gastronomie propagiert, passiert hier wahrscheinlich schon immer. Mich zieht es wieder nach draußen zur professionellen Performance der Marktschreier. Was ruft die mit den Tomaten da vorne?

WENN MAN SCHON MAL HIER IST:

In Ann's Bakery □→ (Moore Street, annsbakery.ie) kann man die Beine ausruhen und vom Café aus bei einer Tasse Tee oder Kaffee dem Treiben im Sitzen zusehen. Die Preise sind günstig. Das »Hearty Breakfast« gibt es für 7,95 Euro, Mittagessen ab 12,50 Euro. Stolz ist man zu Recht auf die hausgemachten Kuchen und Torten. Von hier aus könnte man auch der Rebellion-Tour folgen, siehe S. 60.

HOCH HINAUS!

AUFS STADIONDACH
MIT WEITEN AUSBLICKEN

DER NORDEN
DER STADT-->

+ + + STECKBRIEF + + +

+++ WO? EINGANG ST. JOSEPH'S AVE +++ BUS 1/11/13/16 U. A. DRUMCONDRA STATION, LUAS RED LINE CONNOLLY, DART CONNOLLY +++ WANN? TÄGLICH 14.30 UHR UND VERSCHIEDENE ANDERE ZEITEN JE NACH JAHRESZEIT UND TAG +++ CROKEPARK.IE/SKYLINE +++ WIE LANGE? CA. EINEINHALB STUNDEN +++ WICHTIG! FITNESS ERFORDERLICH +++ WIE VIEL? ERWACHSENE 21 EURO, KINDER (MINDESTENS 1,20 METER GROSS) 13 EURO, STUDENTEN UND SENIOREN 19 EURO, FAMILIENKARTE FÜR 2 ERWACHSENE UND 2/3 KINDER 54/62 EURO +++

MIT EINEM KARABINERHAKEN und einem Seil gesichert stehe ich hoch oben auf dem über 40 Meter hohen Tribünendach mit weitem Blick über Stadt, Land und bis zum Meer. Ein echtes Wow-Gefühl stellt sich ein. Der Wind zerrt mit heute 27 Kilometern pro Stunde an den Haaren. Unsere Guide Magda lacht: »Soll ich dich fotografieren?« Sie darf.

Doch der Reihe nach. Um hier oben zu landen, musste ich zunächst zum Croke Park Stadion pilgern. Das größte Stadion Irlands – nach Wembley in London und Camp Nou in Barcelona sogar das drittgrößte Stadion Europas – beeindruckt mit seinem gigantischen Fassungsvermögen von 82.300 Zuschauern schon aus der Ferne. Und es ist mehr als nur ein Stadion: Es ist die Seele der irischen Sportarten Hurling, das man mit Schlägern und kleinem Ball spielt, der Damenvariante Camogie und des Gaelic Football, einer Mischung aus Rugby und Fußball (siehe S. 120).

AM SKYLINE-DESK ist der Check-in, und ich muss per Unterschrift versichern, dass ich entsprechend fit bin. Magda holt uns ab, wir gehen durch endlose Gänge und Tunnels unter dem Stadion in die Umkleideräume. Hier bekommt jeder die Sicherheitsausrüstung angelegt. Wie Kletterer sehen wir aus. Hundert Stufen und 17 Stockwerke müssen wir hoch, bis wir endlich da sind. Jetzt schlottern uns die Knie auf Dublins höchster Aussichtsplattform, und das nicht nur vor Angst, hier pfeift ein furchtbar kalter Wind. »Thrilling?«, fragt Magda. Ja, das ist echter Nervenkitzel. Und was für ein Ausblick! Der Audioguide erklärt mir zwar alles, was von hier aus zu sehen ist, auf Deutsch, aber Magdas Geschichten sind eindeutig besser. Sie erklärt, dass der heilige Rasen tief unten 144 mal 86 Meter groß ist und aufgrund seiner Schnittrichtungen in zwei verschiedenen Grüns leuchtet. »Gespielt wird hier aus Passion und nicht wegen des Geldes!«, betont sie. »Die gegnerischen Fans sitzen im Gegensatz zum Fußball einträchtig nebeneinander. Das Ganze ist eher wie ein Familientreffen.« Dieses Stadion ist eindeutig identitätsstiftend und der Iren ganzer Stolz.

DER 120 METER HOHE SPIRE, der aussieht wie eine gigantische Nadel, sticht aus dem Stadtbild heraus. Silbrig glitzert der »Stiletto in the Ghetto«, wie ihn die Dubs ironisch nennen, in der Sonne. Spitznamen für ihn gibt es viele. Die Riesennadel sei extra aus Edelstahl gebaut worden, damit man weniger putzen müsse, weiß Magda. Jedoch das Gegenteil ist der Fall, und die Stadt muss enorme Kosten fürs Sauberhalten aufwenden. Wir gehen ein Stück weiter, 44 Meter über dem Erdboden, und lernen an einem anderen Aussichtspunkt, dass mit der Ericsson Skyline Augmented Reality App Menschen und frühere Ereignisse im Smartphone zum Leben erwachen und sich fotografieren lassen. Ein cooles Tool. Beispielsweise sehe ich Henry Shefflin, den berühmtesten Hurler aller Zeiten, beim Lauf mit der olympischen Flamme für die Spiele in London 2012. Klick. Nun habe ich ihn im Kasten.

Schließlich deutet unser Guide auf den Glasnevin Friedhof (siehe S. 124) mit seinem hohen Turm. Um das riesige, von 15 Meter hohen Mauern umgebene Gelände ranken sich allerlei schauerliche Geschichten. Ich beschließe, der Dubliner Totenstadt demnächst einen Besuch abzustatten und ihnen auf die Spur zu kommen …

WENN MAN SCHON MAL HIER IST:

Das angeschlossene **GAA Museum** der Gaelic Athletic Association □→ (im Haus, St. Joseph's Ave, crokepark.ie/gaamuseum) ist im Ticketpreis enthalten und einen Besuch wert. Die klassischen gälischen Ballsportarten Hurling, Camogie und Gaelic Football werden dort gefeiert. Es gibt eine Hall of Fame, Originaltrikots von Größen und Pokale sind ausgestellt. In einer interaktiven Zone kann man die Spiele selbst ausprobieren.

IN DIE BERGE UND AN DIE SEE

MIT DER TRAM QUER DURCH DUBLIN

DER NORDEN
DER STADT-->

BT ABBEY STREET

+ + + S T E C K B R I E F + + +

WO? ABBEY STREET +++ LUAS RED LINE RICHTUNG TALLAGHT/SAGGART, ABBEY STREET +++ WANN? AM BESTEN AUSSERHALB DES BERUFSVERKEHRS +++ LUAS.IE/LUAS-RED-LINE-STOPS +++ WIE LANGE? ETWA EINEINHALB STUNDEN +++ WIE VIEL? JE NACHDEM, WIE VIELE ZONEN MAN DURCHFAHREN MÖCHTE: RETURN TICKET 1 ZONE/4 ZONEN JEWEILS 3,70/5,20 EURO, KIND 1,90/2,10 EURO, MIT AUFLADBARER LEAP CARD GÜNSTIGER +++

DA KOMMT SIE gemächlich angezuckelt. Klingeln muss sie nicht, denn man sieht sie schon von Weitem. Luas heißt die Straßenbahn von Dublin. »›Luas‹ bedeutet Speed auf Irisch«, erklärt mir ein Wartender an der Haltestelle und lacht sich kaputt. »Das muss man sich mal vorstellen: das langsamste Verkehrsmittel der Stadt! Aber alle lieben sie.« Ich auch, denn vom Fenster aus sehe ich in aller Ruhe die Sehenswürdigkeiten an mir vorbeiziehen und kann mir bequem zurückgelehnt überlegen, welche ich demnächst besuchen möchte. Die Qual der Wahl auf einer Stadtrundfahrt der besonderen Art! Mit der »Red Line« quer durch Dublin. Hier links ist eines meiner Lieblingspubs, das Grand Central (siehe S. 142). Rechts passieren wir das hoch aufragende Monument des Spire und die Hauptpost.

SIE WAR während der Osteraufstände das Hauptquartier der Rebellen und beherbergt im Inneren eine Ausstellung zu diesem Thema sowie auch die Statue des Cúchulainn (siehe S. 106). Wir biegen ab in die wuselige Abbey Street mit ihren vielen Geschäften. An jeder Station ertönt die klangvolle Stimme von Doireann Ní Bhriain, einer bekannten Radiosprecherin vom Band, die die Ansagen auf Englisch und Irisch macht. Der georgianische Mammutbau der Four Courts, das Gerichtsgebäude, ist in der Chancery Street von hinten zu sehen. Hm, das wäre sicher einen Besuch wert, man könnte unter den korinthischen Säulen und der lindgrünen Kuppel wandeln. Links erhasche ich einen Blick auf die Liffey, und weiter zuckeln wir durch den Stadtteil Smithfield und zum National Museum of Ireland – Decorative Arts & History (siehe S. 138), untergebracht in einem Teil der Collins Barracks. Wie in den meisten Dubliner Museen ist hier der Eintritt frei. Vorgemerkt! Auf der hübschen Frank Sherwin Bridge überquert die Tram die Liffey und hält an der nächsten Haltestelle. Gegenüber befindet sich Heuston Station, ein wahrer Palazzo von einem Bahnhof im italienischen Stil mit Türmchen, Balustraden und Säulen. Namensgeber ist ein Anführer des Osteraufstands 1916 gegen die Briten.

ZUR LINKEN FOLGT SODANN der unverwechselbare Gebäudekomplex der Guinness Brauerei (siehe S. 94), danach neue Backsteinhäuser und das riesige St. James's Hospital. Was für eine nette Art, die Stadt im Sitzen zu erkunden, umgeben von Einheimischen und zum günstigen Preis. Nächster Halt … Fatima! Dies scheint ein recht neuer Stadtteil zu sein. Dann … Rialto! Ich sehe eine Großbaustelle, umgeben von Bauzäunen, die von origineller Street-Art geziert sind (siehe S. 200). Links und rechts der Gleise ist das Gras nun ordentlich in Form getrimmt. Am Grand Canal mit seinen Schleusen sind die früheren Treidelwege asphaltiert und gehören den Fußgängern und Radfahrern. Die Luas gibt jetzt richtig Stoff und fährt bis dicht an die Dublin Mountains heran. Die wurden mir als Wandergebiet empfohlen. Nun weiß ich ja, wie ich hinkomme. Auf der Rückfahrt: Perspektivwechsel mit neuen Aus- und Einblicken. Ich fahre bis zu den modernen, schicken Bürohäusern an den ehemaligen Docks, vorbei am EPIC (siehe S. 164) und am Mayor Square mit seiner Skulptur. Wir überqueren einen Kanal und sind am Spencer Dock. Futuristische Neubauten ragen in den Himmel. Die Endhaltestelle »The Point« befindet sich fast am Meer.

WENN MAN SCHON MAL HIER IST:

Ab »The Point« bietet sich ein Spaziergang zurück Richtung **Spencer Dock** an. Der eine oder andere Seitenblick auf die gigantischen Bauten lohnt sich. Dann einfach über die vom weltberühmten Architekten Santiago Calatrava geplante, markante Schrägseilbrücke in Form einer Harfe namens **Samuel Beckett Bridge** □→ – und auf der anderen Seite der Liffey weiter in Richtung Zentrum flanieren.

HERZBLUT, LEIDENSCHAFT UND KULTURELLE IDENTITÄT

EXPERIENCE GAELIC GAMES

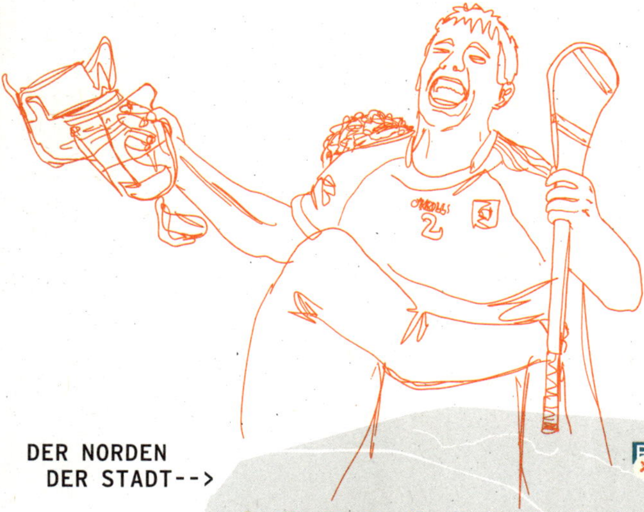

NA FIANNA GAA CLUB

DER NORDEN DER STADT-->

+ + + S T E C K B R I E F + + +

+++ WO? NA FIANNA GAA CLUB, MOBHI ROAD, GLASNEVIN +++ BUS 4/9/155 NA FIANNA GAA CLUB +++ WANN? TÄGLICH 10 BIS 13 ODER 11 BIS 14 UHR +++ AUF ENGLISCH +++ EXPERIENCEGAELICGAMES.COM +++ WIE LANGE? 3 STUNDEN +++ WICHTIG! IM VORAUS BUCHEN! +++ WIE VIEL? ERWACHSENE 39 EURO, STUDENTEN UND UNTER 18-JÄHRIGE 28 EURO +++

HELM AUF, Gesichtsschutz runtergeklappt, Schläger in die Hand. Los jetzt! Ich stehe auf dem Rasen des riesigen Spielfelds und versuche, mit einer Art Brett mit Griff den Ball vom Boden aufzunehmen. Wahrscheinlich sehe ich aus wie in einem Harry-Potter-Film beim Quidditch. Liam unterrichtet mich und grinst. Bereits die Kleinsten, die nebenan trainieren, können das besser als ich. Ein Gewusel. Begeisterte Eltern am Spielfeldrand. Ist ganz Dublin hier versammelt? Es ist Sonntag, und man pflegt seinen Nationalstolz: gälische Sportarten. »Das geht weit über Sport hinaus«, betont Liam, »Es geht um unsere Gemeinschaft als Iren, um Identität und emotionale Verbundenheit.« Es gebe nichts Vergleichbares auf der Welt. Kommt man als Tourist hierher, um sich mit den irischen Spielen vertraut zu machen, geht es zunächst einmal in den Club zu einer Einführung.

DORT ERKLÄRT CORMAK: »Das Beste, um uns Iren kennenzulernen, ist, in ein irisches Heim eingeladen zu werden. Und das Zweitbeste, in einen Club wie diesen hier zu gehen.« Die meisten hätten noch nie von gälischen Sportarten gehört. Dabei seien sie eine Passion. Normalerweise verglichen deutsche Besucher das mit Fußball. »Aber das ist unfair!«, ruft Cormak. »Gaelic Games bedeuten viel mehr: Leidenschaft, Einzigartigkeit und irische Kultur.« Täglich würde so in 2.200 Clubs auf der Insel soziales Verhalten eingeübt. Denn auf dem Spielfeld sind sie alle gleich. Die Dubliner Gaelic Athletic Association »Na Fianna« ist eine der größten des Landes, und ungeachtet ihres Alters, Geschlechts, ihrer Fähigkeiten und Vorkenntnisse üben alle zusammen. Für jeden jungen Menschen sei es die größte Ehre, für die County-Games als Teilnehmer ausgewählt zu werden. Die Endspiele im Sommer hätten sogar mehr Zuschauer als große Fußballspiele in Europa, »denn es sind keine kommerziellen Spiele, die Teilnehmer verdienen nichts«. Vielleicht kommt die ganze Begeisterung auch daher, dass diese Spiele einst unterdrückt und sogar verboten waren, z. B. in den 1920ern. »Meine Eltern mussten das noch erleben«, sagt Cormak mit feuchten Augen.

HEUTZUTAGE SIND SIE PURE FREUDE. Hurling und Camogie (die weibliche Variante) wurden 2018 von der UNESCO zum immateriellen Weltkulturerbe erklärt. Ein paar Regeln gibt es: Beim auch Gaelic Football genannten Sport, dieser Melange aus Rugby und Fußball, darf man den Ball für maximal vier Schritte in die Hand nehmen, dann muss er den Boden wieder berühren. Geschossen wird mit dem Fuß oder per Faustkick. Ein Tor zählt drei Punkte. Gaelic Handball funktioniert ein bisschen wie Squash, nur dass es mit dem Handballen gespielt wird. Langsam, aber sicher steigere ich mich und kann schon dreimal gegen die Betonwand spielen. Liam findet, es sei nun an der Zeit, mir einige Kunststücke mit dem Schläger zu zeigen und vielleicht sogar beizubringen. Das Ganze wirkt auf mich ähnlich wie Hockey und ist mit bis zu 180 Kilometer pro Stunde eines der schnellsten Ballspiele überhaupt. Den kleinen Ball muss ich mit dem hölzernen Schläger (Hurling) vom Rasen aufnehmen und weitertragen. Anfänger wie ich kriegen allerdings einen Softball und einen weicheren Schläger. Das ... üben wir noch.

WENN MAN SCHON MAL HIER IST:

Im **Cat & Cage** (catandcage.ie) um die Ecke trifft man sich nach dem Spiel. Im selben Stadtteil ist zudem der **Glasnevin Friedhof** □→ beheimatet (siehe S. 124), wo einige der berühmtesten Spieler begraben liegen. Dort befinden sich auch die Ruhestätten mancher, die am 21. November 1920 beim »Bloody Sunday« während eines Gaelic Football Spiels im **Croke Park Stadion** (siehe S. 112) von britischen Soldaten erschossen wurden.

IN DER TOTENSTADT

EIN BESUCH
AUF DEM GLASNEVIN FRIEDHOF

DER NORDEN
DER STADT-->

+ + + S T E C K B R I E F + + +

+++ WO? FINGLAS ROAD, GLASNEVIN +++ BUS 140/40 GLASNEVIN CEMETERY +++ WANN? TÄGLICH 9 BIS 17 UHR +++ DCTRUST.IE/EXPERIENCE-GLASNEVIN.HTML +++ WIE LANGE? ZWEI STUNDEN +++ WIE VIEL? KOSTENLOS +++

KNOCK, KNOCK, KNOCKING on heaven's door … Bestimmt wurden sie da oben eingelassen, die Größen der irischen Geschichte, die hier alle versammelt sind. Das Grab des Bürgerkriegshelden und Begründers der IRA Michael Collins ist reich geschmückt mit Blumen und Karten. »Der kriegt am meisten Blumen von allen!«, plaudern die beiden Frauen im Blumenladen an der Ecke aus dem Nähkästchen. Ein älterer Herr im Anzug weist mir den Weg, very polite. »Are you a fan?«, fragt er noch. Ich antworte, dass ich mich für irische Geschichte interessiere, das kommt gut an. Neben vielen berühmten Iren liegen hier auch in Kriegen, Aufständen und Unabhängigkeitskämpfen Gefallene sowie zahlreiche Opfer von Pandemien wie den Pocken und der Spanischen Grippe. Düstere Grabmäler aus Granit, keltische Kreuze, Harfen und Engel, graue Kleeblätter, darüber ein gleichfarbiger Himmel, Möwengeschrei.

ZWISCHEN UMGESTÜRZTEN Grabsteinen sucht eine Dohle nach Futter. Der Wind frischt auf. A little bit spooky wirkt das alles schon. Im hinteren Teil des Friedhofs ist kein Mensch unterwegs, ich biege ab in Richtung des weithin sichtbaren Rundturms, der mit 51 Metern Höhe alles überragt. Von ihm aus hat man einen fantastischen Blick über Stadt und Umland. Darunter befindet sich in einer Krypta das Grab von Daniel O'Connell (1775–1847), dem Politiker, Freiheitskämpfer und Begründer der Nekropole. Er wünschte sich sterbend, dass sein Körper in Irland, sein Herz in Rom und seine Seele bei Gott sein möge. Tatsächlich wurde sein Herz einbalsamiert und in einem silbernen Behälter in eine Kirche des Irish College in Rom gebracht. Als dieses 1905 umzog, suchte man nach dem Kästchen. Weg! O'Connell hatte sein Herz in Rom verloren.

1832 wurde die Totenstadt für Angehörige aller Konfessionen geöffnet. Ein Novum, denn zuvor durften Katholiken nicht auf den rein protestantischen Friedhöfen bestattet werden. Ringsherum führt eine Mauer mit Wachtürmen aus dem 18./19. Jahrhundert. Die waren auch nötig, denn man musste die Leichen bewachen. Gerne nämlich zogen Grabräuber die frisch Bestatteten wieder aus den Särgen, um sie gewinnbringend zu veräußern.

ÄRZTE UND PATHOLOGEN waren interessiert. Man wollte sich schließlich in Anatomie üben. Wie die »Body Snatchers« das bewerkstelligten, kann man in der »City of the Dead« im angeschlossenen Museum anhand von, räusper, »lebensgroßen« Puppen nachvollziehen. Zu verhindern wusste man den Klau übrigens auch, indem man Kindern für die Bewachung nach der Bestattung zwei Wochen lang Geld bezahlte. Danach waren die Körper unbrauchbar.

»Hades«, das sechste Kapitel in James Joyce' *Ulysses*, ist dem Glasnevin Friedhof gewidmet. 2014 erschien der Film *One Million Dubliners* über die Totenstadt. Tatsächlich liegen auf dem 50 Hektar großen Prospect Cemetery, wie sein offizieller Name lautet, ca. 1,5 Millionen Menschen begraben – mehr, als heutzutage in Dublin leben. Die Irish Wake, irische Totenwache, dauerte mehrere Tage, fand manchmal im Pub statt, und manche behaupten, so sei das Pub überhaupt erst entstanden, denn ein Sarg sei der erste Tresen gewesen. Alkohol floss in Strömen, man spielte Spiele und erzählte sich Geschichten, in denen der oder die Verstorbene gebührend gewürdigt wurde.

WENN MAN SCHON MAL HIER IST:

Auch dem **Friedhofsmuseum** ⇨ (tägl. 10–17 Uhr, im Winter nur Mi–So, Erwachsene 6 Euro, Senioren, Studenten, Kinder je 5 Euro) sollte man einen Besuch abstatten. Hier kann man Führungen buchen mit oder ohne Besteigung des Turms (9–13 Euro, dctrust.ie/tours/c-10.html). Durchs **Prospect Gate** gelangt man dann direkt zum Pub **John Kavanagh's**, genannt »The Gravedigger«. 1833 gegründet, ist es heute das älteste Pub Dublins in Familienbesitz – in sechster Generation. Der Holzboden knarzt, urig ist's. Sláinte! Auf das Leben, auf den Tod!

OH, LÀ, LÀ! C'EST SI BON!

DELICIOUS FOOD TOURS

DER NORDEN
DER STADT-->

BT ABBEY STREET

+ + + S T E C K B R I E F + + +

+++ WO? TREFFPUNKT IST MEIST »THE SPIRE« +++ LUAS GREEN LINE O'CONNELL - GPO, BUS 38/38A/38/111 U.A. LINE O'CONNELL - GPO +++ WANN? DIENSTAG BIS SAMSTAG UM 10.45 UHR +++ DELICIOUSDUBLINTOURS.COM +++ WIE LANGE? ETWA DREI STUNDEN +++ WIE VIEL? 62 EURO +++

IRISCHES ESSEN? Es gab Freunde, die sich vor Lachen ausschütteten, als ich ihnen von meiner Idee erzählte, Dublin durch den Geschmack seiner Kulinaria kennenzulernen. Die Vorurteile sind groß, doch diese schmackhafte Führung würde sie eines Besseren belehren. Mit der quirligen Ketty Quigley, einer Französin, die weiß, wo man in Dublin das Savoir-vivre pflegt, gehe ich auf eine Food Tour. Ketty, Absolventin der Balmoral Cookery School und Mitglied des Irish Food Writers Club, hat eine Mission: nicht nur Touristen, sondern auch Iren von den kulinarischen Schätzen des Landes zu überzeugen. Ein bisschen Historie muss natürlich sein, und so erzählt sie der Gruppe von der Ernährung in früheren Zeiten, den Kartoffeln, den französischen Küchenchefs, die im 20. Jahrhundert hier für die Reichen kochten, und der Dining-Szene, die später entstand.

IM VICE COFFEE probieren wir, was Ausländern meist als Erstes zum Thema Irland einfällt: Irish Coffee. Dieser hier, der »Fancy Frankie«, hat sogar einen Preis gewonnen. Die nur leicht geschlagene Sahne lässt Tom Stafford über einen umgedrehten Löffel langsam ins Glas laufen, damit sie schön oben bleibt. Hmmm, was für ein Einstieg! Leicht beschwingt wandeln wir weiter. Scones nach dem Kaffee? Es folgen die besten der Stadt – sehr leicht und fluffig. Nach einem kleinen Gang in Richtung Temple Bar ist es Zeit fürs Mittagessen. In Gallagher's Boxty gibt es irische Spezialitäten auf hohem Niveau. Schon von außen sieht man dem Restaurant an, worum es hier geht: Oberhalb der Fenster auf einem Sims werden Kartoffeln angebaut. Wir probieren eine Trilogie aus verschiedenen Stews, raffinierten Eintöpfen mit Kartoffeln, Zwiebeln und Gemüse, Lamm- oder Rindfleisch, dazu hausgemachte Brote wie die irische Passion Sodabrot. »Einst waren Stews ein typisches Resteessen für den Samstagmorgen, wenn die Männer aus dem Pub nach Hause kamen«, erklärt Ketty. Davon ist hier nichts zu merken. Das ist irische Haute Cuisine! Ein kleiner Spaziergang führt uns zum Foodie-Himmel Fallon & Byrne, wo man auf mehreren Ebenen einkaufen oder speisen kann. Der prämierte Schinken mit Honigkruste schmeckt fantastisch.

SPÄTER ERFAHREN WIR bei Murpy's, dass es im Jahre 2000 Sean und Kieran Murphy aus New York nach Dingle verschlug, wo es die angeblich beste Milch gibt. Und was tun die beiden damit? Sie beginnen, Eiscreme aus rein natürlichen Zutaten ohne Farbstoffe oder künstliche Aromen herzustellen. Fortan hatten sie den Anspruch, die beste Eiscreme der Welt zu fabrizieren. Zum Dahinschmelzen finde ich die Sorte »Dingle Sea Salt«, die tatsächlich mit Meerwasser abgeschmeckt wird. Aber auch die Ziegenkäse-Eiscreme ist nicht zu verachten. So langsam können wir nicht mehr. Essen, meine ich. Aber Käse muss noch sein! Und so führt uns Ketty zu einem Laden, wo wir cremigen Durrus-Käse aus Cork probieren und Coolea, einen 18 Monate lang gereiften Gouda. Nach sechs Stationen – oder waren es acht? – bin ich angenehm gesättigt und »voll« begeistert.

Zwei Restaurants mit zwei Michelin-Sternen gibt es in der Stadt, die grüne Insel erlebt eine kulinarische Renaissance, und Gourmets pilgern nach Dublin. War da nicht was mit Vorurteilen?

WENN MAN SCHON MAL HIER IST:
Sicher, Käse schließt den Magen, aber ein Whiskey geht danach immer noch. Am Ende der Food Tour ist man nämlich praktischerweise ganz in der Nähe des **Whiskey Museums** □→, wo es kurzweilige Führungen mit Whiskeyprobe gibt (irishwhiskeymuseum.ie). Die Guides sind wahre Entertainer und haben einige »geistreiche« Geschichten zum Thema auf Lager. Drei oder mehr Whiskeys sind je nach gebuchter Tour inklusive.

HACKE, SPITZE …

DIE IRISH DANCE PARTY

DER NORDEN
DER STADT-->

× BT S
CONNOLLY

+ + + S T E C K B R I E F + + +

+++ WO? O'SHEA'S, 19 TALBOT ST, MOUNTJOY +++ LUAS RED LINE BUSARAS, DART CONNOLLY, BUS 42/43 MOLAND STREET +++ WANN? TÄGLICH 15 BIS 17 UHR +++ IRISHDANCEPARTY.COM +++ WIE LANGE? 2 STUNDEN +++ WICHTIG! IM VORAUS ÜBER DIE WEBSITE BUCHEN! +++ WIE VIEL? ERWACHSENE 25 EURO, STUDENTEN 15 EURO, KINDER 12 EURO, GRUPPEN ÜBER 10 PERSONEN JE 22 EURO +++

EIGENTLICH BEGINNT ALLES ganz harmlos: Einige Paare treffen ein, einzelne Frauen und sogar Familien mit kleinen Kindern. Man scherzt und sucht den mit Namensschildchen gekennzeichneten Platz. Manche müssen sich allerdings erst mal Mut antrinken und holen sich ein Pint am Tresen. »A good excuse!«, sagt einer lachend. Ein Junggesellinnenabschied belegt die Tische an der Wand. Auf den Köpfen Haarreifen mit Hasenohren. Zur Einstimmung spielt Daniel auf, der auf einer kleinen Bühne steht und zur Gitarre *Dirty ol' town* zum Besten gibt. Wir fallen ein, klatschen, stampfen und singen mit. Auch die Tin Whistle (Blechflöte) beherrscht Daniel perfekt und die Uilleann Pipe, den irischen Dudelsack. Wir schmettern noch *Wild Rover*, dann wird es ernst: Drei grün gewandete Tänzerinnen mit klackernden Tanzschuhen fordern uns auf, zwei Kreise zu bilden.

SEHR ELEGANT sieht das bei den dreien aus: Rechter Fuß, linker, rechter, Kick mit dem linken Fuß. Dann links, rechts, links, Kick. Alles klar? Nachmachen! Zunächst im Kreis, erst rechts-, dann linksherum, wir halten uns dabei an den Händen. Das funktioniert doch schon mal ganz gut. Also weiter! Mit Partner nach vorn, wenden, zurück. Und dann noch: stampfen, klatschen, umdrehen, wieder klatschen, in die Mitte gehen, Arme hoch und »Huh!« rufen. »Und nun das Ganze mit Musik!«, ruft eine der Lehrerinnen. Zweifelnde Blicke. Wie soll man das alles im Kopf behalten? Ah, die drei Profis tanzen neben uns her, und wir können spicken. Fehler bleiben nicht aus, doch wir alle haben unseren Spaß. Irgendjemand tritt mir auf die Ferse, es zieht mir den Schuh aus. Gelächter.

Zwischen den Lektionen gibt es zur Erholung Musik- und Tanzvorführungen. Die jungen prämierten Tänzerinnen in dunkelgrünen, mit keltischen Symbolen bestickten Kleidern halten die Arme steif neben dem Körper nach unten. Dafür bewegen sich Füße und Beine umso mehr. In atemberaubender Geschwindigkeit wird gesteppt, dann wieder fliegen die Beine hoch in die Luft. Perfekt synchron. Die Hardshoes klackern auf dem Boden: Percussion inklusive.

DAS GANZE HAT EINE LANGE GESCHICHTE.

Vor rund 270 Jahren erschienen in Irland wandernde Tanzlehrer, die Dance Masters, und unterrichteten im ganzen Land. Das fand großen Anklang bei dem musikalischen Volk und wurde noch befeuert durch die Gründung der 1893 gegründeten Gaelic League, die die irische Kultur förderte. So entstand Céilí, ein Treffen von Jung und Alt zu Tanz und geselligem Beisammensein. Heutzutage gibt es Vereine, Organisationen und Wettbewerbe allerorten, in denen sich die Besten messen. Als Riverdance 1994 beim Eurovision Song Contest vor 300 Millionen Zuschauern an den Bildschirmen aufgeführt wurde, gab es kein Halten mehr. Der Siegeszug des irischen Tanzes begann, und Shows touren seitdem um die Welt.
Hier im O'Shea's folgt nun noch eine zweite Lektion mit Partner: einhängen, drehen, Arm wechseln. Am Ende werden alle Teile zusammengesetzt zu einer kompletten Sequenz. Beim Finale zu Livemusik drücken alle so richtig auf die Tube, singen, lachen und tanzen gleichzeitig. Die Temperatur im Raum ist deutlich angestiegen. Heizung nicht nötig. »Huh!«

WENN MAN SCHON MAL HIER IST:

Das Pub und Restaurant mit Biergarten O'Shea's (osheasoftalbotstreet.com) □→, wo die Irish Dance Party in einem Nebenraum stattfindet, lohnt auf alle Fälle ein weiteres Verweilen. Untergebracht in einem georgianischen Gebäude, bietet es alles, was das irische Herz begehrt: verschiedene Biersorten, Pub Food, Musik, Liveübertragung von Sportsendungen. Nach der Anstrengung beim Tanzen empfehle ich eine Portion »Homemade Guinness Steak & Vegetable Pie« für 13,95 Euro.

WENN MAN SCHON MAL IM NORDEN DER STADT IST

+++ SEHEN +++

+++ ESSEN +++

+++ AUSGEHEN +++

+++ SHOPPEN +++

+++ SCHLAFEN +++

NATIONAL MUSEUM OF IRELAND – DECORATIVE ARTS & HISTORY IN DEN COLLINS BARRACKS

Das riesige klassizistische Gebäude beherbergte 1702 bis 1997 eine Kaserne. Heutzutage befindet sich darin eine Zweigstelle des Nationalmuseums. Klingt klein, ist aber groß! Ausstellungen zu Wirtschaft, Gesellschaft, Politik und Militär sind hier genauso zu bestaunen wie archäologische und naturgeschichtliche Sammlungen. Geschichtsinteressierte werden in der Ausstellung zum Osteraufstand 1916 fündig, Freunde der Glitzerwelten in der Abteilung für irisches Silber, Designfans bei den Exponaten von Eileen Gray. 25 von Kuratoren eigens ausgewählte Exponate präsentiert »Curator's Choice«.

+++ BENBURB STREET +++ LUAS RED LINE MUSEUM +++ MUSEUM.IE +++ DI–SA 10–17 UHR, SO/MO 13–17 UHR +++ EINTRITT FREI +++

PHOENIX PARK

Die ca. 7 Quadratkilometer große Grünfläche ist doppelt so groß wie der Central Park in New York. Eichen, Buchen, Kastanien- und Mammutbäume säumen die Wege und Straßen, Rasen in formidablem Schnitt ist zu bewundern, desgleichen ein Kräutergarten, prächtige Blumenbeete – und Hirsche. Polo-, Cricket- und Fußballfelder sind reichlich vorhanden, außerdem die Residenz des irischen Präsidenten, Ashtown Castle, ferner Farmleigh, das Gästehaus der irischen Regierung, und der berühmte, in die natürliche Landschaft eingebettete Zoo.

+++ NORTHSIDE +++ LUAS RED LINE MUSEUM +++ PHOENIXPARK.IE +++ IMMER GEÖFFNET +++ EINTRITT FREI +++ TIPP: FAHRRAD LEIHEN UNTER PHOENIXPARKBIKES.COM +++

NATIONAL BOTANIC GARDENS

In dem 1795 gegründeten, über 19 Hektar großen botanischen Garten gedeihen mehr als 15.000 Pflanzen im Arboretum und im nationalen Herbarium, in Themen- und Lehrgärten. Doch die prachtvollen viktorianischen Gewächshäuser aus Glas und Eisen, von Richard Turner Mitte des 19. Jahrhunderts entworfen, stehlen den Pflanzen fast die Schau. In Curvilinear Range, der Gruppe mit den markant gewölbten Dächern, wachsen Rhododendren und tropische Gewächse.

+++ BOTANIC RD, GLASNEVIN +++ BUS 4/9 BOTANIC GARDENS +++ BOTANICGARDENS.IE +++ TÄGL. MIND. 10-16.30 UHR, MANCHMAL LÄNGER +++ EINTRITT FREI +++

4

←□ GENERAL POST OFFICE

Ein Hauptpostamt als Sehenswürdigkeit? In Dublin ist das so. Dieser geschichtsträchtige Bau ist außen ein beeindruckendes neoklassizistisches Gebäude aus dem Jahre 1818, innen Art déco vom Feinsten. Das Postamt diente bei den Osteraufständen 1916 und im Bürgerkrieg 1922 als Hauptquartier der Rebellen, die die Republik Irland proklamierten. Die interaktive Ausstellung »GPO Witness History« im Innern erklärt dazu mehr.

+++ LOWER O'CONNELL STREET +++ LUAS RED LINE ABBEY STREET, GREEN LINE O'CONNELL - GPO +++ ANPOST.IE +++ GPOWITNESSHISTORY.IE +++ GPO MO-SA 8.30-18 UHR, GPO WITNESS HISTORY DI-SA 10-17 UHR +++ EINTRITT AUSSTELLUNG 15 EURO, ERM. 12 EURO, KINDER 7,50 EURO +++

DUBLIN CITY GALLERY - THE HUGH LANE

Untergebracht im repräsentativen Charlemont House, zeigt die Städtische Galerie vor allem französische Impressionisten wie Edgar Degas, Claude Monet, Auguste Renoir und Édouard Manet, aber auch irische Kunst ab 1950, beispielsweise von Sean Scully und Dorothy Cross. Vom Londoner Atelier des irischen Künstlers Francis Bacon existiert eine detaillierte Rekonstruktion – kreatives Chaos inbegriffen!

+++ 22 N PARNELL SQUARE +++ LUAS GREEN LINE DOMINICK +++ HUGHLANE.IE +++ DI-DO 9.45-18 UHR, FR BIS 17 UHR, SA 10-17 UHR, SO 11-17 UHR +++ EINTRITT FREI +++

THE PARNELL HERITAGE PUB & GRILL

Pub mit Tradition: über mehrere Stockwerke, Restaurant, beheizte Dachterrasse – alles in einem, bezahlbar und sehr gemütlich.

+++ 72-74 PARNELL STREET +++ LUAS GREEN LINE PARNELL +++ THEPARNELL.COM +++ SO-DO 11-0 UHR, FR/SA 10-0.30 UHR +++ TIPP: DIENSTAGS 17-19 UHR STORYTELLING UND MUSIK, EINTRITT 10 EURO +++

LILY'S CAFÉ

Nettes Café mit Frühstück, Brunch und Lunch, auch vegetarische und vegane Speisen. Mein Tipp: die Tarte des Tages. Das üppige Full Irish Breakfast für 11,95 Euro ginge glatt als Mittagessen durch.

+++ 3A CAVENDISH ROW +++ LUAS GREEN LINE O'CONNELL UPPER +++ MO-SA 8-17.30 UHR, SO 9-16 UHR +++

WOK IN NOODLE BAR

Currys oder Nudelgerichte für den schnellen Hunger! Asiatische Küche zum günstigen Preis gibt es zum Mitnehmen und zum Direkt-hier-Verspeisen auf einigen wenigen Plätzen im Lokal oder draußen unter der Markise.

+++ 2 NORTH EARL STREET +++ LUAS GREEN LINE O'CONNELL UPPER +++ WOKINNOODLE.COM +++ TÄGL. 12-21.30 UHR +++

IRISH POTATO CAKE COMPANY

Minikneipe mit verschiedenen Kartoffelgerichten direkt an der Liffey. Tipp: Beef & Guinness Potato Cake in Form des irischen Kleeblatts, auch vegan und glutenfrei erhältlich. Für Dubliner Verhältnisse ein Schnäppchen.

+++ 16 BACHELOR'S WALK +++ LUAS RED LINE JERVIS +++ IRISHPOTATOCAKECOMPANY.COM +++ TÄGL. 9.30 BIS MIND. 18 UHR, AM WE BIS 21/22 UHR +++

+++++++++++++ AUSGEHEN +++++++++++++

ABBEY THEATRE

Das irische Nationaltheater führt in englischer und irischer Sprache auf. Gegründet 1904 von William Butler Yeats und Lady Gregory »to bring upon the stage the deeper emotions of Ireland«, steht es bis heute für klassisches irisches Drama, aber auch für mutiges modernes Schauspiel.

+++ 26 ABBEY STREET LOWER +++ LUAS RED ODER GREEN LINE ABBEY STREET +++ ABBEYTHEATRE.IE +++ TICKETS IN REIHE A 13 EURO +++ TIPP: KOSTENLOSE FIRST PREVIEWS +++

GRAND CENTRAL BAR □→

Wie eine Kathedrale mit Kuppel kommt dieses sehenswerte Pub daher. Stilvoll, mit Marmorboden. Ein gepflegtes Bier vom Fass am polierten Tresen muss sein!

+++ 10-11 O'CONNELL STREET UPPER +++ LUAS GREEN LINE O'CONNELL - GPO +++ GRANDCENTRAL.IE +++ SO-DO 10-23 UHR, FR/SA 10-1 UHR +++

+++++++++++++ SHOPPEN +++++++++++++

NORTH EARL STREET

Die Straße der Schnäppchenjäger, heute Fußgängerzone, und ihre Verlängerung Talbot Street zieht sich vom Spire aus ostwärts und lockt in Läden wie das Kaufhaus Guineys (11–12 N Earl Street, guineys.ie). Um die Ecke: das neue Clery's Quarter (clerysquarter.ie) in einem historischen Gebäude mit Geschäften, Roof Top Bar, Restaurants und Hotel.

+++ 27 O'CONNELL STREET LOWER +++ LUAS GREEN LINE O'CONNELL - GPO +++

ARNOTT'S

Ein klassisches Kaufhaus, seit 1843 in einem imposanten Ziegelgebäude mit kupfernen Türen. Abteilungen für Damen- und Herrenmode, Möbel, Spielzeug. Friseur und diverse Restaurants im Haus.

+++ 12 HENRY STREET +++ LUAS RED LINE JERVIS +++ ARNOTTS.IE +++ TÄGL. 10–19/20 UHR, SO AB 11 UHR +++

+++++++++++ SCHLAFEN +++++++++++++

CASSIDY'S HOTEL

Die Zimmer sind in warmen Beige- und Brauntönen gehalten, der Fernseher ist als edler Spiegel getarnt, die Bäder mit Marmor verkleidet. Location! Das Hotel befindet sich gleich neben Luas- und Bushaltestellen, die O'Connell Street ist vor der Haustüre. Zimmer nach hinten buchen, auch wenn die Aussicht auf den Hof nicht so schön ist, dafür ruhig. Doppelzimmer um die 120 Euro.

+++ CAVENDISH ROW +++ LUAS GREEN LINE PARNELL +++ CASSIDYSHOTEL.COM +++

ABBEY COURT HOSTEL

Direkt an der Liffey gelegen, bietet das bunt bemalte Hostel verteilt über zwei Gebäude Mehrbettzimmer mit Stockbetten oder Doppelzimmer. Frühstück inklusive. Schlafplatz ab 18 Euro

+++ 29 BACHELORS WALK +++ LUAS RED LINE ABBEY STREET +++ ABBEY-COURT.COM +++

5
DIE DOCKLANDS

+++ ERLEBEN +++

DIE DOCKLANDS SIND DAS, was man heutzutage einen coolen und hippen Stadtteil nennt. Einst ein schmuddeliges Hafenviertel, präsentiert es nun hypermoderne Bauten renommierter Architekten

wie das Bord Gáis Theater von Daniel Libeskind oder den von Martha Schwartz gestalteten Grand Canal Square. Auch Umwidmungen wie das EPIC The Irish Emigration Museum in einer ehemaligen Tabak-Lagerhalle oder der Design Tower in einer Zuckerraffinerie aus dem 19. Jahrhundert finden sich an jeder Straßenecke. Nicht nur Freunde moderner Baukunst schlendern hier gerne zwischen Stahl, Glas und Beton umher.

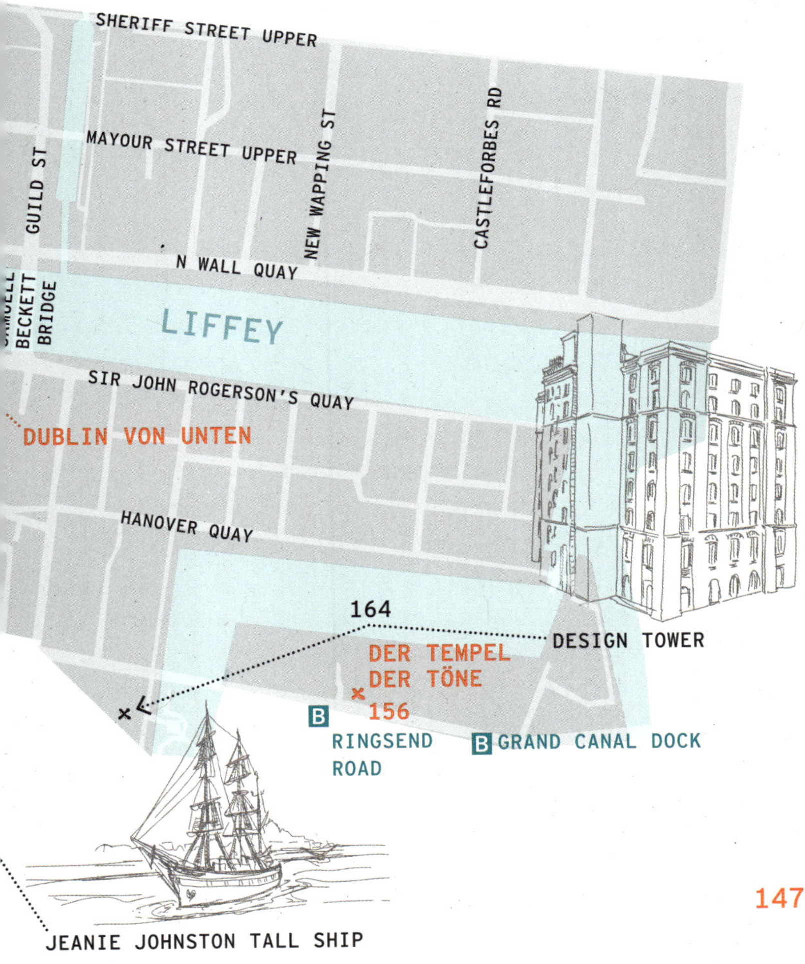

5 DIE DOCKLANDS

NUR WEG VON HIER …

DAS IRISCHE EMIGRATIONSMUSEUM

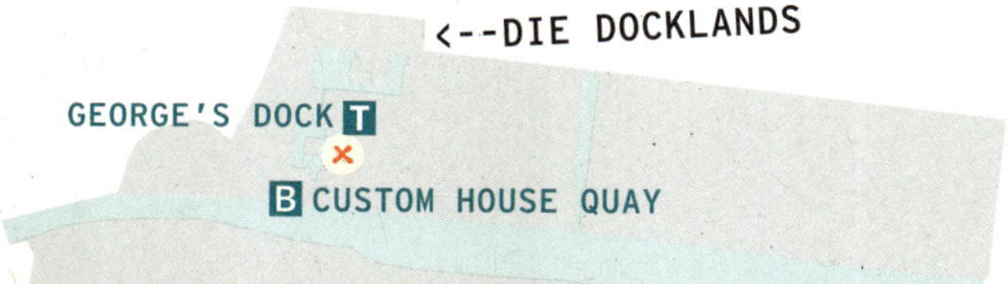

+ + + S T E C K B R I E F + + +

+++ WO? CHQ BUILDING, CUSTOM HOUSE QUAY +++ LUAS RED LINE GEORGE'S DOCK, BUS 33D/41X/123 CUSTOM HOUSE QUAY, DART CONNOLLY STATION +++ WANN? TÄGLICH 10 BIS 18.45 UHR (LETZTER EINLASS 17 UHR) +++ EPICCHQ.COM +++ WIE LANGE? CA. ZWEI STUNDEN +++ WICHTIG! MANCHMAL GIBT ES DIE AKTION »TICKETS ONLINE BUCHEN UND 1 BIS 3 EURO SPAREN«. AUDIOGUIDE AUF DEUTSCH FÜR 2 EURO AN DER KASSE, AUDIO-APP KOSTENLOS ZUM DOWNLOAD AUFS SMARTPHONE +++ WIE VIEL? ERWACHSENE 18,50 EURO, STUDENTEN UND SENIOREN 17 EURO, TEENAGER (13–17 JAHRE) 12 EURO, KINDER (6–12 JAHRE) 9 EURO, KINDER BIS 5 JAHRE KOSTENLOS, FAMILIENKARTE (2 ERWACHSENE, 2 KINDER/2 ERWACHSENE, 1 KIND) 46/40 EURO +++

SIE IST GESTALTET in der Form vieler Kerzen, und ihr Licht soll nie ausgehen: Unter einer Lampe, die an die 70 Millionen Menschen irischen Ursprungs in der ganzen Welt erinnert, betrete ich das ehemalige Lagerhaus. Begrüßt werde ich von Edward Neville Isdell, Gründer des Irish Emigration Museums und selbst mittlerweile Auswanderer; dank des Audioguides lausche ich den Erklärungen auf Deutsch. Die Eintrittskarte ist zugleich ein Pass, den man an den verschiedenen Stationen selbst abstempeln kann. Klack! »Leaving the island« heißt der erste Raum. Auf Schiffen flüchteten viele Iren, beispielsweise aufgrund der großen Hungersnot 1845–52, nach Australien, Kanada, in die USA, nach Argentinien, Indien, Südafrika. Kein anderes europäisches Land hat im Verhältnis zu seiner Größe einen derartigen Bevölkerungsschwund erlebt. Weinende Menschen auf Schwarz-Weiß-Fotos umarmen einander. In Videoinstallationen sprechen sie zu mir.

»AN OPEN ISLAND« ist der Name des zweiten Raums, wo mich virtuelle Welten und magische Gesänge weg von der auf Stelen dargestellten irischen Landschaft tragen. Dann komme ich in der neuen Welt an. Und vielleicht in einem neuen Leben, wenn man uns überhaupt einlässt. Nach der Grenzkontrolle, klack!, erzählt eine Einwanderin auf Ellis Island, wie es ihr ergangen ist. Die Menschen scheinen aus dem Bildschirm hervorzutreten. Ich berühre Briefumschläge auf interaktiven Touchscreens und bekomme deren Inhalt zu Gesicht: Postkarten an die Lieben daheim, Schiffsfahrkarten. Die Präsentation ist auf Emotionen angelegt – und funktioniert auch so, wenn man sich auf die Menschen und ihre Schicksale einlässt. Neben mir fließen Tränen aus den Augen eines Mannes. Nicht nur Hunger, auch Unterdrückung war ein Grund auszuwandern: Die Katholiken wurden tausendfach von den Briten vertrieben. Manche jungen Männer gingen auch, um in fremden Konflikten als Soldat zu dienen. Und einige, die vertrieben wurden oder aus anderen Gründen emigrieren mussten, erlangten später Berühmtheit. Stolz präsentiert werden Prominente mit irischem Hintergrund wie John F. Kennedy oder Grace Kelly, Billy the Kid oder Che Guevara.

UND SO GEHT ES nicht nur um traurige Schicksale, sondern auch um irische Errungenschaften, ihren Einfluss auf die Welt – und das, was Iren aus der Welt wieder mit nach Hause gebracht haben. Ich lerne, dass die Iren das erste Dampfschiff der Welt erbauten. Und dass die Republik Irland das erste Land der Welt war, das die Heirat für Lesben, Schwule, Bisexuelle und Transgender erlaubte. Die Musik darf nicht fehlen: Rihanna oder Bruce Springsteen haben irische Vorfahren, *U2* und die *Dubliners* prägten Rock, Pop und Folk weltweit.

Auf dem Boden sind die Schritte des irischen Riverdance (siehe S. 132) aufgemalt. Zusammen mit anderen probiere ich mich darin, was in allgemeinem Gelächter endet. Also weiter zur nächsten Station: zum Pub, dem irischen Wohnzimmer, wo bei einem Pint of Guinness gerne Geschichten erzählt werden. Das Volk der Dichter zeigt sich in der flüsternden Bibliothek. Ich ziehe ein Buch aus dem Regal und höre leise James Joyce, bei einem anderen Oscar Wilde. Am Ende erfahre ich, was EPIC auch bedeutet: Every person is connected. Wir sind alle verbunden.

WENN MAN SCHON MAL HIER IST:
Schräg gegenüber liegt das **Jeanie Johnston Tall Ship** □→ (jeaniejohnston.ie, siehe S. 163), das ein kleines Museum beherbergt. In Schiffen wie diesem reisten Iren während der großen Hungersnot dicht gedrängt und im Schnitt 47 Tage lang über den Atlantik in die Neue Welt. Nicht alle erreichten ihr Ziel.

DUBLIN VON UNTEN

CITY KAYAKING
MITTEN DURCH DIE INNENSTADT

+ + + S T E C K B R I E F + + +

+++ WO? CUSTOM HOUSE QUAY, NORTH DOCK +++ LUAS RED LINE GEORGE'S DOCK, BUS 33D/41X/142 U.A. CUSTOM HOUSE QUAY +++ WANN? TÄGLICH, MEIST 11, 17 ODER 18 UHR +++ CITYKAYAKING.COM +++ WIE LANGE? ZWEI STUNDEN +++ WICHTIG! DEM WETTER UND DER AKTIVITÄT NACH ANGEMESSEN KLEIDEN, HANDTUCH MITBRINGEN, MAN WIRD NASS! +++ WIE VIEL? ERWACHSENE UND JUGENDLICHE (ÜBER 12 JAHRE) 38 EURO, KINDER 34 EURO +++

WIE TIEFER GELEGT fühlt sich das an – und bietet ganz neue Perspektiven: Dublin von schräg unten gesehen. Unterm Po schuckelt's leicht, und für die Arme wird's etwas anstrengend: links, rechts, und immer schön durchziehen. Au weia. Doch der Reihe nach: Das Schild »City Kayaking« am Fluss Liffey sprach mich total an, und ich dachte: Wahrscheinlich ist das der Dubliner Ruderverein. Weit gefehlt. Hier kann jede/r mitmachen! Erkannt, gebucht. Am Tag der Wahrheit begebe ich mich eine Viertelstunde vorher zum Treffpunkt. »Hi!«, sagt Lee auf Englisch. »Ich bin heute euer Guide. Zuerst müsst ihr euch umziehen, am besten da in dem Bauwagen. Ihr braucht was Wasserdichtes. Nehmt euch also da drinnen eine Hose und eine Jacke und außerdem bitte eine Rettungsweste. Ach ja, und lasst euer Handy besser hier, denn ihr werdet vielleicht trotzdem nass werden.«

OKAY, inzwischen sehe ich aus wie das Michelin-Männchen, und wir warten auf das Briefing an den Kajaks. Jeder kriegt ein Paddel, und Lee erklärt uns, wie wir es halten müssen. Dann besteigen wir die kippeligen Boote. Ich kralle mich krampfhaft am Kai fest und setze einen Fuß nach dem anderen hinein. Passt! Sobald ich einmal sitze, fühle ich mich, als hätte ich nie etwas anderes getan. Bequem zurückgelehnt paddeln wir in Zweierteams von dannen. Der Wellengang ist gleich null, wir haben eine ruhige Fahrt. Nächster Treffpunkt ist unter der ersten Brücke Richtung Westen, wo Lee uns Erläuterungen zu dem gibt, was wir auf der Strecke hierher gesehen haben und aktuell sehen. »Da drüben, das riesige Haus mit der mächtigen Kuppel aus Kupfer«, sagt er und deutet nach rechts, »ist das Custom House, ein klassizistischer Bau aus den Zeiten des georgianischen Dublin.« Das Zollhaus stand einst direkt am Hafenbecken. Letztere liegen heutzutage viel weiter draußen.

Wir paddeln weiter unter blauem Himmel zur gusseisernen Ha'penny Bridge, unserem nächsten Stopp. »Überquert man sie Richtung Süden, kommt man direkt nach Temple Bar mit seinen Kneipen«, erklärt Lee.

TATSÄCHLICH FLANIEREN viele Menschen in dieser Richtung über die Brücke. Wir schippern unten durch, und wie wir das Paddel, einmal links, einmal rechts eintauchen und durchziehen, wendet sich auch der Kopf ständig nach links und rechts, es gibt jede Menge zu sehen. Menschen am Kai und auf den Brücken winken uns zu. Das macht Laune. Was wäre doch eine Fahrt auf einem bequemen Schiff zusammen mit hundert anderen und Ansagen vom Band langweilig, denke ich mir. Aber Achtung, nicht schlafen! Das schottische Paar ist uns weit voraus. Die beiden sind gut durchtrainiert und rudern wohl öfter mal. Mir werden so langsam die Arme schwer, denn wir fahren gegen den Strom. Doch kein Problem, Lee würde uns hinter seinem Schlauchboot mit Außenbordmotor herziehen, falls wir nicht mehr könnten. »Da ist Four Courts«, sagt er. »Wie Custom House wurde es vom georgianischen Architekten James Gandon erbaut.« Die ungewöhnliche Perspektive erlaubt es, großartige Fotos von dem Prachtbau zu machen, mein Handy habe ich trotz Nässegefahr in die Hosentasche gestopft. Und was für ein Fest, im strahlenden Sonnenschein auf der Liffey zu paddeln und Dublin zu betrachten – leicht schaukelnd und mit einem breiten Grinsen im Gesicht.

WENN MAN SCHON MAL HIER IST:

Wer mag, kann die gepaddelte Strecke am Fluss entlang zurückspazieren und sich die ebenerdige Perspektive zum Vergleich geben (siehe S. 88) ⇨. Oder man lässt bei einem Käffchen alles Revue passieren, z. B. gleich um die Ecke im **Coffeeangel** (The Exchange, George's Dock, I.F.S.C., coffeeangel.com). Für 3,20 Euro gibt es 225 ml engelhaften Cappuccino aus 100 % Arabica-Bohnen, niemals älter als 28 Tage ab Röstung.

DER TEMPEL DER TÖNE

DIE WINDMILL LANE RECORDING STUDIOS

+ + + S T E C K B R I E F + + +

+++ **WO?** 20 RINGSEND ROAD +++ BUS 47/C1/C2 RINGSEND ROAD, DART GRAND CANAL DOCK +++ **WANN?** MEIST STÜNDLICH ZWISCHEN 11 UND 16 UHR, MANCHMAL AUCH 17, 18, 19 UHR +++ WINDMILLLANERECORDING.COM/TOURS/VISITOR-EXPERIENCE +++ **WIE LANGE?** CA. EINE STUNDE +++ **WICHTIG!** ONLINE IM VORAUS BUCHEN! +++ **WIE VIEL?** ERWACHSENE 22 EURO, KINDER (15 JAHRE UND JÜNGER) 15 EURO, STUDENTEN 18 EURO, FAMILIEN (2 ERWACHSENE, 2 KINDER) 58 EURO +++

HABEN SIE ALLE diese Klinke gedrückt? Van Morrison, Sinéad O'Connor, *Status Quo* und Kate Bush? Mir wird ganz flau im Magen. Da vorne ist die lindgrün gestrichene Tür, hinter der sie ihre Scheiben aufgenommen haben. Aufrecht halten, tief durchatmen, auf die Klingel drücken. Vorsingen muss ich ja nicht. Der herzliche Niall McMonagle zieht mich einfach hinein, strahlt. Nun stehe ich im Allerheiligsten der Musik, in den weltberühmten Windmill Lane Recording Studios. Das 1978 von Brian Masterson und James Morris gegründete Weltklasse-Aufnahmestudio war ursprünglich in einem ehemaligen Lagerhaus in der Windmill Lane beheimatet und ist ein Ort mit großer Geschichte. 1982 nämlich kam erstmals die Band *U2* in den Musiktempel und nahm das Album *Boy* auf. Und das ging durch die Decke.

AN DEN WÄNDEN in den Gängen hängen sie dann: Fotos mit Autogrammen und Widmungen, mit Grammys dekorierte Alben. Ich entdecke *The Commitments*, Ed Sheeran, Kylie Minogue und viele mehr. Überraschung: Auf dem Boden steht ein Zitat von Hans Christian Andersen zu lesen: »Where words fail, music speaks.« Doch jetzt ab ins Aufnahmestudio 1, die Präsidentensuite, die so heißt, weil es das größte Studio ist! »Hier passt ein ganzes Orchester mit 80 Musikern rein«, sagt Niall. Er meint den Live-Room. Im vorderen Teil gehen wir auf Holz, alles klingt hell und laut, im hinteren auf dicken Teppichen, dort wirkt alles gedämpft. Dann sitzen wir nebenan im sogenannten Kontrollraum, wo abgemischt wird. Knöpfe, Regler, Schalter, eine Konsole mit 72 Kanälen. Der ganze Raum ist schräg oder gewölbt, selbst das Glas, die Decke und die Wände. »Das ist wegen der Akustik so«, erklärt Niall. Früher brauchte man ein Mischpult, das teurer war als eine Villa. Heutzutage funktioniert alles per Computer. *Voodoo Lounge* haben die *Rolling Stones* hier 1993 eingespielt. Wow! Ich bin fasziniert, die Götter meiner Jugend. »Es gab viel Streit. Sämtliche Bandmitglieder hier in diesem Raum, oh Mann!«, plaudert Liam aus dem Nähkästchen und lacht.

WIE EINE RECORDING SESSION an einem digitalen Pult funktioniert, demonstriert er dort, wo Disney seinen neuen Film abgemischt hat: in Studio 3 mit Surround Sound. Noch beeindruckender als das Abmischen von Musikstücken finde ich, was Niall mir nun über Tonspuren für Filme erzählt und zeigt. Eine kleine Sequenz wird mit den verschiedensten Tönen hinterlegt. »Das ist mit Sicherheit viel mehr Arbeit und eine höhere Kunst als das Filmen selbst!« Nachdem er mir mehrmals eine Szene aus *Matrix* mit verschiedenen Soundeffekten vorgespielt hat, drei Sekunden, die den Sprung von einem Haus zu einem anderen zeigen, und mich auf die einzelnen, einander überlagernden Geräusche aufmerksam gemacht hat, bin ich voll überzeugt. Das muss eine Wahnsinnsarbeit sein – für drei Sekunden Film! »I love this, yet it is so much work!«, beteuert Liam, und man spürt, das ist die Wahrheit. Das Beste kommt zum Schluss: Mitten im Raum steht in Studio 1 ein wunderhübscher Steinway-Flügel. David Bowie hat darauf gespielt. Ich berühre die Tasten … und zum Abschluss noch mal die Türklinke. Hände waschen verboten.

WENN MAN SCHON MAL HIER IST:

Wer Lust hat, spaziert von hier aus über den **Grand Canal**, vorbei am sehenswerten, von Daniel Libeskind geplanten **Bord Gáis Energy Theatre** □→ und quert die Liffey über die ikonische **Samuel Beckett Bridge** von Santiago Calatrava. Dort startet das City Kayaking, wo man sich zum Ausgleich sportlich betätigen kann (siehe S. 152). Das EPIC Irish Emigration Museum (siehe S. 164) und das Museumsschiff Jeanie Johnston (siehe S. 163) findet man ebenfalls in der Nähe.

3 Arena

WENN MAN SCHON MAL IN DEN DOCKLANDS IST

+++ SEHEN +++

+++ ESSEN +++

+++ AUSGEHEN +++

+++ SHOPPEN +++

+++ SCHLAFEN +++

SEHEN

GRAND CANAL SQUARE

Modernes, kühles Design von Martha Schwartz im Zentrum der Docklands. Der 10.000 Quadratmeter große Platz am Grand Canal Dock am südlichen Ufer der Liffey wurde im Juni 2007 eröffnet und entwickelte sich sofort zu einem Favoriten der Dubliner. Von hier aus lassen sich Paddler oder Kajakfahrer auf dem Kanal beobachten und moderne Architektur wie das Bord Gáis Energy Theatre von Daniel Libeskind oder der gläserne Büroturm von Duffy Mitchell O'Donoghue bestaunen. Sogar auf einer Art Laufsteg, rot gepflastert und markiert durch Reihen von roten Stangen, kann man sich ausprobieren.

+++ GRAND CANAL SQUARE +++ LUAS RED LINE MAYOR SQUARE - NCI UND SPENCER DOCK +++ DUBLINDOCKLANDS.IE +++ RUND UM DIE UHR GEÖFFNET +++ KOSTENLOS +++ TIPP: EIN GETRÄNK IN EINEM DER VIELEN ETABLISSEMENTS EINNEHMEN UND EINFACH GUCKEN +++

CUSTOM HOUSE

Das ehemalige Zollhaus ist ein beeindruckender, 114 Meter langer georgianischer Monumentalbau des Architekten James Gandon aus dem 18. Jahrhundert. Gekrönt wird er von einer kupfernen Kuppel, auf der eine Allegorie der Hoffnung steht. 13 Götter, die die Fassade zieren, symbolisieren Irlands Flüsse, die Statuen auf der Rückseite die Kontinente. Ein kleines Museum informiert über Architektur und Geschichte des Hauses. Außerdem hat hier das Ministerium für Wohnungswesen, Kommunalverwaltung und Kulturerbe seinen Sitz.

+++ CUSTOM HOUSE QUAY +++ LUAS RED LINE BUSÁRAS +++ HERITAGEIRELAND.IE/PLACES-TO-VISIT/CUSTOM-HOUSE-VISITOR-CENTRE +++ TÄGL. 10–17.30 UHR, LETZTER EINLASS 16.45 UHR +++ EINTRITT SELF GUIDED 6 EURO, ERM. 3/5 EURO, FAMILIENTICKET 15 EURO +++

JEANIE JOHNSTON TALL SHIP

Die Nachbildung jener Segelschiffe, die im 19. Jahrhundert die wegen der Hungersnot auswandernden Iren in die Neue Welt transportierten, beherbergt ein kleines Museum. Sehr zu empfehlen sind die 50-minütigen Touren der schauspielerisch begabten Guides.

+++ CUSTOM HOUSE QUAY +++ LUAS RED LINE GEORGE'S DOCK +++ JEANIEJOHNSTON.IE +++ TOUREN AUF ENGLISCH TÄGL. UM 10/11/12/14/15/16 UHR +++ EINTRITT INKL. FÜHRUNG 12 EURO, KINDER 7 EURO +++

←□ EPIC THE IRISH EMIGRATION MUSEUM

Das interaktive Museum mit Filmen, Touchscreens, Spielkonsolen und Installationen stellt die Emigration der Iren in alle Welt und ihre Auswirkungen dar. Die Eintrittskarte ist ein Reisepass, den man an jeder der 20 Stationen stempeln kann.

+++ CHQ BUILDING, CUSTOM HOUSE QUAY +++ LUAS RED LINE GEORGE'S DOCK +++ EPICCHQ.COM +++ TÄGL. 10-18.45 UHR (LETZTER EINLASS 17 UHR) +++ ERW. 18,50 EURO, ERM. 9-17 EURO, KINDER BIS 5 JAHRE KOSTENLOS, FAMILIENKARTE 40/46EURO +++

DESIGN TOWER

Ursprünglich eine Zuckerraffinerie, residieren in dem markanten siebenstöckigen Turm heute einige der bekanntesten Designer und Künstler Irlands. Skulpturen, Gemälde-, Keramik- Silber- und Goldschmiedearbeiten, Schmuck, Mode, Textilien, Musikinstrumente, Restaurierungen. Arbeiten von 19 verschiedenen Designern machen den Tower zu einer Schatztruhe der Kunst.

+++ PEARSE STREET/GRAND CANAL QUAY +++ DART GRAND CANAL DOCK, LUAS RED LINE SPENCER DOCK +++ THEDESIGNTOWER.COM +++ DIE MEISTEN STUDIOS SIND 9-17 UHR BESETZT. VORANMELDUNG BEI DEN MEISTEN ERWÜNSCHT +++

BREWDOG

In dem ungewöhnlichen roten Bau mit Blick auf die Liffey gibt es 32 verschiedene Craftbiere und eine Mikrobrauerei. Verschiedenste Burger, Vegetarisches, Salate und Bowls, Pizzas und Wings stehen auf der Speisekarte.

+++ CAPITAL DOCK, GRAND CANAL DOCK +++ BUS 47/C1/C2 GRAND CANAL DOCK, RINGSEND +++ BREWDOG.COM/EU_DE/BARS/GLOBAL/OUTPOSTDUBLIN +++ TÄGL. 10/11-23.30 UHR +++

NUTBUTTER

Naturkostrestaurant am Wasser mit Hängesesseln und bunten Stühlen. Hier wird alles frisch aus lokalen Zutaten gekocht, gesund, mit viel Gemüse. Rainbow Pad Thai Bowl 12,95 Euro.

+++ GALLERY QUAY, 2&3, GRAND CANAL QUAY +++ BUS 47/C1/C2 RINGSEND ROAD, DART GRAND CANAL DOCK +++ NUTBUTTER.IE +++ TÄGL. 11.30-21 UHR +++

ROCKET'S

Direkt an der Liffey genießt man saftige Hamburger aus irischem Rindfleisch (ab 7,85 Euro), Fritten und Shakes.

+++ UNIT B, NORTHWALL QUAY +++ LUAS RED LINE MAYOR SQUARE, BUS 500/501/503 NORTH WALL QUAY +++ ROCKETS.IE +++ TÄGL. 13-21/22 UHR +++

CHARLOTTE QUAY RESTAURANT

Edel eingerichtet, gehobene Preisklasse. Mein Tipp: Das Pre-Theatre Menü (17–19 Uhr) für 32 Euro mit zwei Gängen, für 38 Euro erhält man drei Gänge.

+++ CHARLOTTE QUAY DOCK, MILLENNIUM TOWER +++ BUS 47/C1/C2 RINGSEND ROAD, DART GRAND CANAL DOCK +++ CHARLOTTEQUAY.IE +++ DI/MI 17-23.30 UHR, DO-SA 12-23.30 +++

+++++++++++++ AUSGEHEN +++++++++++++

3ARENA

Der moderne Bau mit Weltklasse-Akustik, einst ein Lagerhaus mit gusseiserner Konstruktion, kann 13.000 stehende oder 9.000 sitzende Personen fassen. Konzerte von Popgrößen wie *Simply Red*, Celine Dion oder Elton John finden hier statt, ebenso Musicals oder Comedy-Shows. Der Veranstaltungsort verfügt auch über vier Club- und Barbereiche, von denen zwei als Private Members Club betrieben werden.

+++ NORTHWALL QUAY +++ LUAS RED LINE THE POINT +++ 3ARENA.IE +++

BORD GÁIS ENERGY THEATRE □→

Im von Daniel Libeskind designten, beeindruckenden Gebäude treten nationale und internationale Theatergruppen auf, außerdem werden Ballett, Musical, Drama und Oper aufgeführt. Hier kommen Kulturinteressierte auf ihre Kosten.

+++ GRAND CANAL SQUARE +++ BORDGAISENERGYTHEATRE.IE +++ LUAS RED LINE MAYOR SQUARE, DART GRAND CANAL DOCK ODER PEARSE STREET +++

+++++++++++++ SHOPPEN +++++++++++++

CHQ BUILDING

In diesem Gebäude, in dem auch das EPIC-Museum untergebracht ist, gibt es eine Reihe von Läden wie die Weinhandlung Mitchell & Sons Wine Merchants (endlich mal kein Guinness!) oder Scribbles, wo man auf Grußkarten aller Art spezialisiert ist.

+++ CUSTOM HOUSE QUAY +++ LUAS RED LINE GEORGE'S DOCK, DART CONNOLLY STATION +++ CHQ.IE +++ MO-FR 7-19 UHR, SA/SO/FEI 9.30-18.30 UHR +++

POINT SQUARE DUBLIN

Fesches Einkaufszentrum mit integrierten Restaurants, Cafés, Fitnessstudio und Kino.

+++ EAST WALL ROAD, POINT SQUARE +++ LUAS RED LINE THE POINT +++ POINTSQUARE.IE +++ TÄGL. 8 BIS CA. 23 UHR, SA/SO 10 BIS MIND. 22 UHR +++

++++++++++++ SCHLAFEN ++++++++++++

5

TRINITY CITY HOTEL

Das Boutique Hotel in einer ehemaligen Feuerwache in ruhiger Lage neben dem Trinity College hat 262 komfortable Zimmer bis hin zu georgianischen Suiten. Im Innenhof befindet sich ein hübscher Garten mit Stilelementen wie freigelegten Steinwänden. Die sehenswerte Trinity Bar ist ein Mix aus Alt und Neu. DZ ca. 160 Euro. Verschiedene Preisaktionen.

+++ PEARSE STREET +++ LUAS GREEN LINE TRINITY, DART DUBLIN PEARSE +++ TRINITYCITYHOTEL.COM +++

THE GIBSON HOTEL

Modernes Hotel mit ökologischem Ansatz und jedwedem Komfort. Zimmer in Weiß- und Beigetönen gehalten. Das Fitnessstudio (Gym) im Haus ist inklusive. Der Luxus hat seinen Preis: DZ ohne Frühstück ab 140 Euro.

+++ POINT SQUARE +++ LUAS RED LINE THE POINT +++ THEGIBSONHOTEL.IE +++

6 RUND UM MERRION UND FITZWILLIAM SQUARE

+++ ERLEBEN +++

12

ELEGANCE! Kunst und Geschichte in neoklassizistischen Prunkbauten und georgianische Straßenzüge charakterisieren die Gegend. Wären nicht die vielen Autos, würde man sich glatt ins 18. Jahrhundert gebeamt fühlen. Hier lebten Oscar Wilde und William Butler Yeats, und es ist eine Freude, um den Merrion oder den Fitzwilliam Square zu schlendern auf der Suche nach ihren früheren Häusern. Sei es wegen der charakteristischen farbigen Türen, der schönen Parks oder der Architektur: Dies ist sicher eine der schönsten Gegenden Dublins.

NATIONAL MUSEUM OF IRELAND - ARCHEOLOGY

MUSEUM OF NATURAL HISTORY

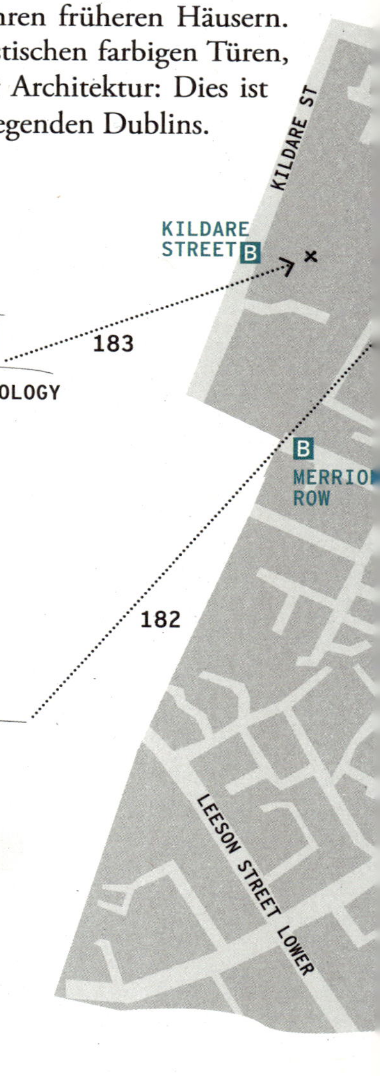

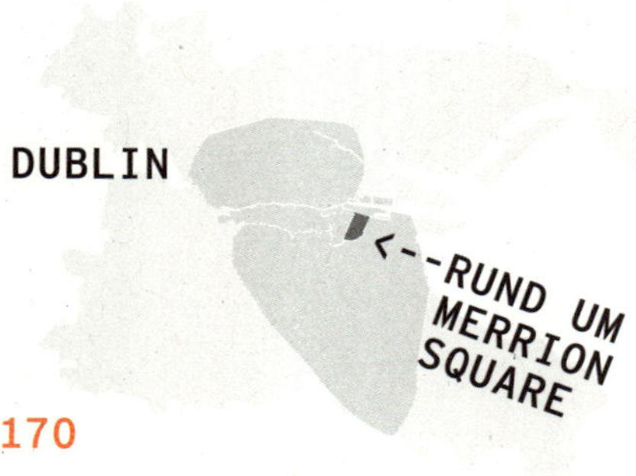

NATIONAL GALLERY
PEARSE ST
WESTLAND ROW
183
SANDWITH STREET UPPER
EME ST UPPER
ATIONAL GALLERY
FENIAN ST
B CLARE STREET
B MERRION SQ NORTH
MERRION SQUARE N
B MERRION SQUARE, HOLLES STREET
MERRION ST UPPER
B MERRION SQ WEST
172
VON TÜR ZU TÜR
184
B
B MERRION STREET
MERRION SQ SOUTH
B
B STEPHEN'S GREEN EAST
KOLLEKTIVES WOHNZIMMER
176
MERRION SQUARE
BAGGOT STREET LOWER
MBROKE ST LOWER
FRITZWILLIAM STREET LOWER
B FITZWILLIAM STREET
LAD LN
184
NUMBER TWENTY NINE

VON TÜR ZU TÜR

DUBLINS DOORS

<--RUND UM MERRION UND FITZWILLIAM SQUARE

+++ STECKBRIEF +++

+++ WO? MERRION SQUARE +++ LUAS GREEN LINE, ST. STEPHEN'S GREEN, BUS 37/38/39 FITZWILLIAM STREET +++ WANN? BEI TAGESLICHT +++ WIE LANGE? CA. EINEINHALB STUNDEN +++ WICHTIG! FOTOAPPARAT UND/ODER SMARTPHONE MITNEHMEN +++ WIE VIEL? KOSTENLOS +++

JEDER KENNT DIE POSTER und nimmt sich vielleicht sogar eines mit nach Hause: Dublins Türen sind darauf zu sehen – in vielen verschiedenen Farben. Ich will mir selbst so ein Poster aus eigenen Fotos zusammenstellen und ziehe los. In der Fitzwilliam Street, auch georgianische Meile genannt, findet man besonders wuchtige Türen aus dem 18. und 19. Jahrhundert. Breiter als anderswo sind sie hier, weil die dort residierenden Damen mit ihren ausladenden Reifröcken hindurchpassen mussten. Doch auch hier sind sie recht farbenfroh gestaltet. Keine sieht aus wie die andere. Je mehr Granitstufen zu einer dieser Haustüren hochführten, desto höher war der gesellschaftliche Status des Besitzers. Auf seine Nachbarn schaute man halt herunter. Drinnen soll es feinste Stuckarbeiten geben, doch hereingebeten hat mich leider niemand.

WELCHE GESCHICHTEN SICH WOHL hinter diesen Türen verbergen?, frage ich mich und entdecke rund um den Merrion und den Fitzwilliam Square viele weitere Prachtexemplare. Warum sie so bunt sind? Eine gängige Erklärung lautet, dass sich die Farbe der Türe nach dem Beruf des Besitzers richtete. Eine andere, sehr überzeugende: Nach einigen Guinness und ein paar Whiskeys bist du ziemlich betrunken und wankst vom Pub nach Hause. Wenn alle Türen in deiner Straße gleich aussehen, wie sollst du dann die richtige finden? Es kam also darauf an, wie hoch der Alkoholpegel und wie dunkel es war, ob einer dann doch noch die eigene Bettstatt fand. Dieses Problem hatten beispielsweise die beiden Schriftsteller George Moore und Oliver St. John Gogarty, die am sehenswerten Ely Place Tür an Tür lebten. So manches Mal trat einer von ihnen, schwer beladen, in die falsche Hütte – bis ein neuer Türanstrich schließlich Abhilfe schuf.

Zu bewundern ist die Pracht erfreulicherweise bis heute: Verschieden leuchtende Farben, Türklopfer in unterschiedlichen Formen, schmiedeeiserne Schuhkratzer, aufwendig verzierte Portale, Blumenschmuck und granitene Treppen schmücken die Fronten.

VIELLEICHT ABER hat diese Kuriosität auch einfach mit den Umgestaltungsmaßnahmen der Wide Streets Commission 1757 zu tun, die in Dublin breitere Straßen anlegen und im Zuge dessen elegantere Häuser im Stile ihres Vorbilds, des italienischen Architekten Andrea Palladio, bauen ließ. Die klassischen, der Symmetrie verpflichteten Vorgaben seines Baustils wurden in Dublin »verfeinert«, da gab es nun halbkreisförmige Oberlichter, von Schmiedearbeiten verziert, Säulen flankierten die Eingänge. Ein Haus sah aus wie das andere, Vereinheitlichung war das Ziel. Manche behaupten, eine der Vorgaben sei zudem gewesen, die Türen bunt anzustreichen. Andere meinen, das sei die einzige Flucht vor den allzu strengen Regeln gewesen: Meine Tür bekommt die Farbe, die MIR gefällt. Welches der wahre Grund ist, weiß heute wohl niemand mehr so genau. Mich überzeugte diese Geschichte hier: 1901 starb Queen Victoria, die Königin von England und damit auch Herrscherin über Irland. Als Zeichen der Trauer sollten alle Untertanen ihre Türen schwarz anstreichen. Doch die Iren strichen ihre Haustüren bunt als Zeichen der niemals endenden Rebellion gegen die britischen Besatzer.

WENN MAN SCHON MAL HIER IST:
In der nordwestlichen Ecke des Parks am **Merrion Square** steht eine der **Talking Statues** (siehe S. 104) □→: die von Oscar Wilde, der lässig in grünem Smoking mit rosafarbenem Kragen an einem Felsen lehnt. Von der einen Seite aus gesehen scheint er zu lächeln, von der anderen sieht er eher düster drein. Gegenüber, **Haus Nr. 1**, ist Wilde aufgewachsen.

KOLLEKTIVES WOHNZIMMER

EIN HOCH AUF DAS IRISCHE PUB

<--RUND UM MERRION UND FITZWILLIAM SQUARE

+ + + S T E C K B R I E F + + +

+++ WO? DOHENY & NESBITT, 5 BAGGOT STREET LOWER +++ LUAS GREEN LINE ST. STEPHEN'S GREEN, BUS 38/39/70 MERRION ROW +++ WANN? BESONDERS SCHÖN ABENDS, ABER AUCH TAGSÜBER MÖGLICH +++ DOHENYANDNESBITTS.IE +++ WIE LANGE? NACH GUSTO +++ WIE VIEL? PINT AB CA. 6 EURO +++

ES ENDET IMMER GLEICH. Ich will durch die Stadt streifen, von einem Ende zum anderen, doch weit komme ich nie. Dabei bin ich in guter Gesellschaft. Schon James Joyce erzählte davon: »Eine fast unmögliche Aufgabe: Dublin durchqueren, ohne an einem Pub vorbeizukommen.« Hinter Fensterscheiben erblicke ich gestikulierende Menschen im angeregten Austausch, Gläser mit dunkler Flüssigkeit in ihren Händen. Körperschatten huschen hin und her. Es scheint immer »a lot of craig« zu geben, jede Menge Spaß. Wie magisch angezogen öffne ich die Tür. Freilich kann es auch sein, dass mich ein Regenguss gezwungen hat. Die soziale Institution, die ich betrete, einfach mit Kneipe zu übersetzen, wäre zu kurz gegriffen. Sie ist das Wohnzimmer für alle, das Fundament der irischen Kultur und eine nationale Einrichtung, Partyzone, Debattierclub, Konzertbühne, Tanzschuppen. Rang und Namen haben hier keinerlei Bedeutung.

DER JUNGE PUNKER lehnt neben dem älteren Banker am Counter. Man unterhält sich. In keinem Dubliner Pub stand ich länger als zehn Minuten am Tresen, ehe mich einer ins Gespräch zog. Der Tresen soll übrigens – wie das Pub generell – aus der »Irish wake« entstanden sein, der drei Tage dauernden Totenwache mit Musik, Tanz und Getränken (siehe S. 127). Sein Glas stellte man auf dem Sarg ab, damit war der Schritt zur Theke nicht weit …

»I've an awful throat on me!«, sagt der neben mir. Damit meint er nicht, dass er Halsschmerzen hat, sondern er bestellt so seinen Drink. Letzterer ist in Irland übrigens stets alkoholhaltig. »Somebody has opened the lunchbox!«, feixt sein Kumpel. Aha, einer hat einen ziehen lassen. Sprachunterricht und irischen Humor gibt's gratis dazu. Es wird immer voller, lauter und enger. Heute ist Samstag, da findet der »Saturday evening gargle« statt. Klingt wie gurgeln, meint aber eine drinking session. Zwei Schluck, und weg ist das Pint (0,5683 Liter). Gut ist es, die Pub-Etikette zu kennen: Wird man eingeladen, und das passiert recht häufig, zahlt man seinerseits als Nächster eine Runde. Man bestellt sie, kurz bevor der Erste in der Runde sein Glas ausgetrunken hat. Bei mir führt das oft dazu, dass ich mit einer Reihe halb ausgetrunkener Gläser dastehe. Hilft aber nix. Denn ein halbes Pint bestellen geht gar nicht!

GRUB GIBT ES in fast jedem Pub, Essen. Soeben bestellt einer Sambos, Sandwiches. Zwei stimmen ein Lied an. Zwei weitere packen ihre Musikinstrumente aus, ein Banjo und eine Gitarre, und fangen an zu spielen. Spontane Sessions sind hier die Regel, wobei »Session« einfach bedeutet, dass man eine gute Zeit hat, es kann aber auch eine Musik-Session gemeint sein, so wie jetzt gerade. »Whiskey in the jar« brüllen, äh, singen wir alle gemeinsam. Sollte das ausufern in eine regelrechte Party mit Gesang und Tanz, ist es ein »hooley«. Einige fangen an, sich im Rhythmus zu bewegen. Ein Durchkommen ist schon lange nicht mehr. Im hinteren Teil des Pubs befindet sich die Lounge, wo früher hauptsächlich Frauen oder Familien an runden Tischchen saßen. Jetzt drängeln sich da vor allem Männer dicht zusammen und starren auf die diversen Flachbildschirme. Hurling (siehe S. 120)!
Inzwischen bin ich im Merchant's Arch gelandet, nachher geht's weiter ins Stag's Head. Lieblingspubs habe ich viele. Zu viele. Denn in Dublin gibt es über 3.000 kollektive Wohnzimmer.

WENN MAN SCHON MAL HIER IST:
Zum Stag's Head □→ sind es nur 300 Meter (siehe S. 47). Vor dem nächsten Pint könnte man aber auch einen Brückenspaziergang einschieben (siehe S. 88) – oder einen auf den Spuren der Street-Art (siehe S. 200).

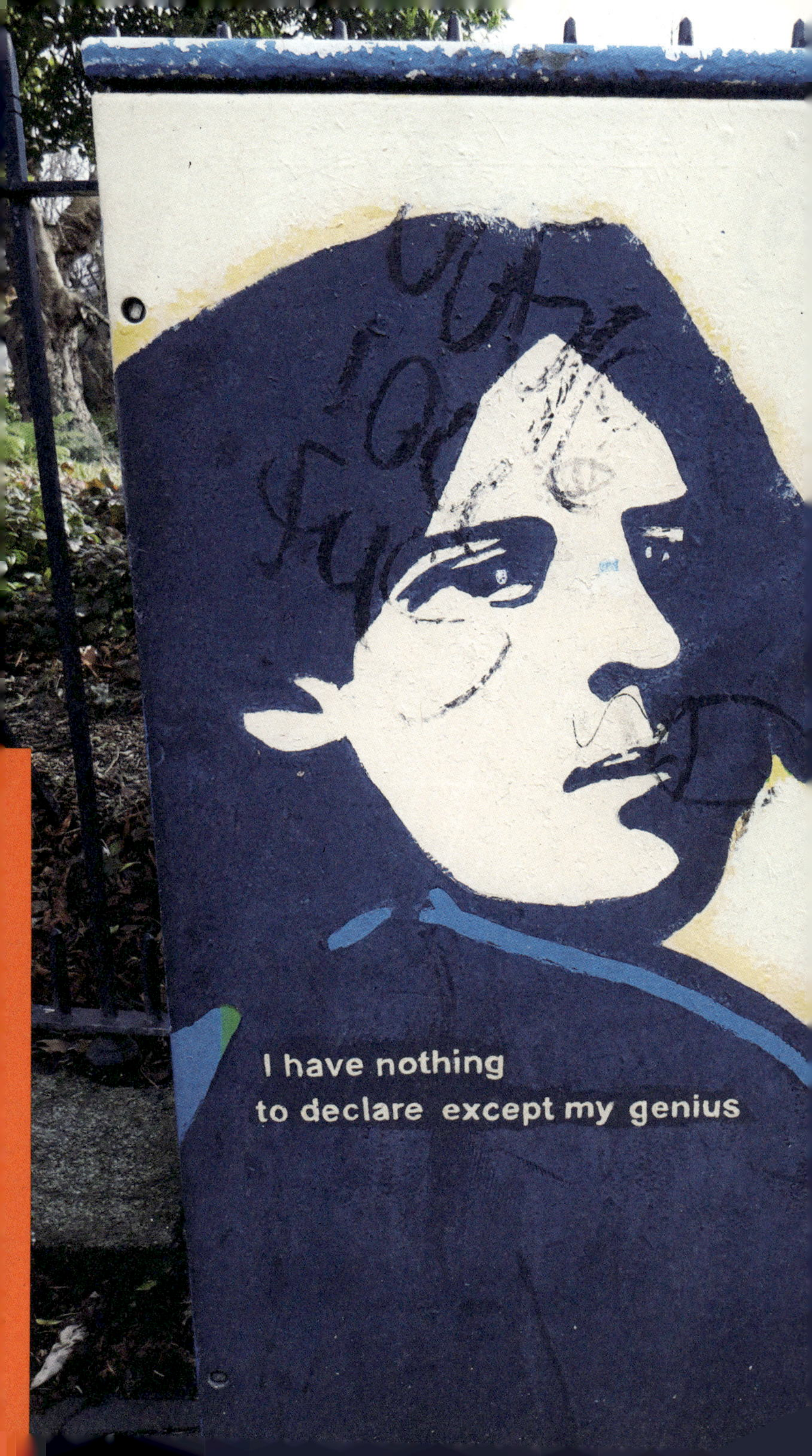
I have nothing
to declare except my genius

WENN MAN SCHON MAL AM MERRION SQUARE UND DRUMHERUM IST

+++ SEHEN +++

+++ ESSEN +++

+++ AUSGEHEN +++

+++ SHOPPEN +++

+++ SCHLAFEN +++

6

MUSEUM OF NATURAL HISTORY

»Dr. Livingstone, I presume?« Genau jener Forscher, der 1871 im westlichen Tansania aufgespürt wurde, hatte 1857 dieses Museum eröffnet. Zu Zeiten, als Forschungsreisende unter wahrhaft abenteuerlichen Bedingungen fremde Kontinente durchstreiften, sammelte man hier neben Tierpräparaten aus Irland exotische Mitbringsel wie z. B. das Skelett eines Finnwals oder präparierte Affen, Nashörner, einen chinesischen Panda und jede Menge Insekten. Berühmt sind die Skelette der irischen Riesenhirsche aus dem Moor. Kein Wunder, dass das Museum auch den Spitznamen »toter Zoo« besitzt.

+++ UPPER MERRION ST +++ LUAS GREEN LINE ST. STEPHENS GREEN +++ MUSEUM.IE/EN-IE/MUSEUMS/NATURAL-HISTORY +++ DI–SA 10–17 UHR, SO/MO 13–17 UHR +++ EINTRITT FREI +++

←□ NATIONAL GALLERY

54 Säle bieten den Rahmen für ca. 2.500 Gemälde: zahlreiche Landschaftsbilder irischer Maler, Gemälde von Jack Butler Yeats, dem Bruder des bekannten Dichters, aber auch frühbarocke Malerei wie Caravaggios *Gefangennahme Christi*, Werke von Monet, Degas, Picasso, El Greco und Goya sowie Porträts von Angelika Kaufmann. Die Turner-Ausstellung ist wegen des dann perfekten Lichts nur im Januar zu sehen.

+++ WEST MERRION SQUARE +++ LUAS GREEN LINE DAWSON STREET +++ NATIONALGALLERY.IE +++ MO-MI UND FR/SA 9.15/11-17.30 UHR, DO 9.15-20.30 UHR, SO 11-17.30 UHR +++ EINTRITT FREI +++

NATIONAL MUSEUM OF IRELAND – ARCHEOLOGY

Hier ist das prähistorische Irland ein Schwerpunkt, Goldobjekte aus der Bronzezeit bilden einen zweiten. Antike Keramik aus Zypern, Exponate aus Dublins Wikingerzeit, keltische Metallarbeiten und eine altägyptische und römische Sammlung präsentiert das archäologische Museum ebenfalls. Stars sind aber die Moorleichen im Raum »Königtum und Opfer«. Sogar Namen hat man ihnen gegeben: Gallagh Bogman etwa ist ca. 2.400 Jahre alt und wurde 1821 gefunden. In der Schatzkammer werden der Kelch von Ardagh und die Tara-Fibel gehütet.

+++ KILDARE ST +++ LUAS GREEN LINE DAWSON +++ MUSEUM.IE/EN-IE/MUSEUMS/ARCHAEOLOGY +++ DI-SA 10-17 UHR, SO/MO 13-17 UHR +++ EINTRITT FREI +++

MERRION SQUARE

Eine feine Adresse war das einmal – und ist es wohl auch noch heute. Oscar Wilde lebte einst im eleganten Hause Nr. 1 am nördlichen Ende des Platzes, William Butler Yeats in der 52 im Osten, Russell in der 84. Die Grünfläche in der Mitte ist von viktorianischen Häusern mit ihren charakteristisch bunten Türen umgeben (siehe S. 172). Sommers ist die Grünanlage eine Open-Air-Galerie.

+++ MERRION SQ +++ LUAS GREEN LINE DAWSON STREET +++ INTRODUCINGDUBLIN.COM/MERRION-SQUARE +++ PARK GEÖFFNET VON 10 UHR BIS SONNENUNTERGANG +++ EINTRITT FREI +++

NUMBER TWENTY NINE – GEORGIAN HOUSE MUSEUM

Zum Zeitpunkt der Recherche leider nur virtuell betretbar, soll das 1794 erbaute georgianische Haus im Laufe des Jahres auch wieder real zugänglich werden. In einem sehenswerten Video erklärt Mrs. Olivia Beatty, Witwe eines Weinhändlers, wie sie und wie die Bourgeoisie hier lebten. Die Haushälterin, Frau O'Reilly, führt während der Online-Tour durch die Räume: in den Keller und nach oben in die Salons, das Boudoir und das Schlafgemach. Anscheinend stellt das Museum eine Art Wiedergutmachung für den Abriss der georgianischen Häuserzeile nebenan durch die Elektrizitätsgesellschaft EZB dar.

+++ 29 FITZWILLIAM ST LOWER +++ LUAS GREEN LINE DAWSON STREET +++ NUMBERTWENTYNINE.IE +++

REILLY'S BAR

Kleines Pub mit netter Bedienung, gutem Essen, sehr guter Livemusik, meist Sa/So. Der DJ legt freitags Tanzmusik auf.
+++ 17 MERRION STREET UPPER +++ LUAS GREEN LINE ST. STEPHEN'S GREEN +++ FOLEYS.IE/REILLYS-BAR +++ TÄGL. 12-23.30 UHR +++

LINCOLN'S INN □→

Stylish! Ein historisches Literatenpub hinterm Trinity College mit eleganter Einrichtung: dunkles Holz, hohe Decken und Buntglasfenster. James Joyce ging hier ein und aus und verewigte es in *Ulysses*. Schmackhaftes Pub-Food ab 5,95 Euro, feine Biere und Whiskeys.
+++ 18-19 LINCOLN PLACE +++ LUAS GREEN LINE DAWSON, DART 8 PEARSE +++ LINCOLNSINN.IE +++ MO-DO 12-23.30 UHR, FR/SA 12-0.30, SO 12-20 UHR +++

HÄNSEL AND GRETEL

Hierher führt die Brotspur! Die mit Liebe zum Detail eingerichtete Bäckerei und Patisserie bietet wahre Kunstwerke an süßen Teilen wie – Tartes fast wie in Frankreich, oh, là, là. Der Kaffee ist formidable.
+++ 20 CLARE STREET +++ LUAS GREEN LINE DAWSON +++ MO-FR 8-18.30 UHR, SA 10-16 UHR +++

PATRICK GUILBAUD

Feinste französische Küche mit zwei Michelin-Sternen in elegantem Ambiente – mittags auch für den etwas kleineren Geldbeutel: Zwei-Gänge-Menü inklusive Gruß aus der Küche, Kaffee oder Tee und Petits Fours für 55 Euro.
+++ 21 UPPER MERRION STREET +++ LUAS GREEN LINE ST. STEPHEN'S GREEN +++ RESTAURANTPATRICKGUILBAUD.IE +++ DI-SA 12.30-14 UHR UND 19-22 UHR +++

+++++++++++++ AUSGEHEN +++++++++++++

THE GINGER MAN

Nach einem Roman benannter Pub. Restaurant mit feinen Gerichten, gemütliche Kneipe und Bar mit einer großen Auswahl an Cocktails in einem. Faire Preise.

+++ 39-40 FENIAN STREET +++ LUAS GREEN LINE DAWSON +++ MO-DO 11-0.30 UHR, FR/SA 11-1.30 UHR, SO 17-23 UHR +++

SUGAR CLUB

Sieht auf den ersten Blick aus wie ein Kino (was es auch mal war) und ist eine absolut angesagte Location mit Livemusik, Events, Kinovorstellungen, Shows.

+++ 8 LOWER LEESON STREET +++ LUAS GREEN LINE HARCOURT +++ THESUGARCLUB.COM +++ TICKETS UNTER SUGARCLUBTICKETS.COM +++ MO-DO 18-23.30 UHR, FR/SA 19-3 UHR, SO 19-23.30 UHR +++

+++++++++++++ SHOPPEN +++++++++++++

SWENY'S

Die einstige Apotheke, noch im gleichen Look, ist bekannt aus *Ulysses* von James Joyce. Bis heute verkauft man hier die aus dem Buch bekannte Lemon-Seife, man trifft sich aber auch in Lese- und Literatenzirkeln.

+++ 1 LINCOLN PLACE +++ LUAS GREEN LINE DAWSON, DART DUBLIN PEARSE +++ SWENY.IE +++ TÄGL. 11-18 UHR, DO LÄNGER WEGEN LESUNGEN +++

THE GALLERY SHOP

Der gut sortierte Laden der National Gallery hält hochwertige Drucke, Kunstbände, Bücher und Geschenkartikel von irischen Designern parat.

+++ CLARE LANE, MILLENNIUM WING +++ LUAS GREEN LINE DAWSON +++ SHOP.NATIONALGALLERY.IE +++ ÖFFNUNGSZEITEN SIEHE S. 183 +++

+++++++++++ SCHLAFEN +++++++++++++

THE ALEX HOTEL

Wer im georgianischen Dublin stilvoll residieren möchte, der ist hier richtig: Luxuriös ausgestattete Zimmer mit jedem erdenklichen Komfort. Restaurant, Bar, Fitnessstudio im Haus. Besonders hübsch ist »The Secret Garden«, wo man z. B. sein Frühstück einnehmen kann. Classic King oder Twin Room um die 200 Euro.

+++ 41-47 FENIAN STREET +++ DART DUBLIN PEARSE, LUAS GREEN LINE DAWSON +++ THEALEXHOTEL.IE +++

FITZWILLIAM TOWNHOUSE

Das große Hotel befindet sich in einem Gebäude, das größtenteils so erhalten ist, wie es schon 1836 aussah – moderne Annehmlichkeiten inklusive. Geschmackvolle Zimmer, die zur Straße hin etwas laut sein können. Sehr freundliche Rezeptionisten, gute Lage. DZ meist um 130 Euro.

+++ 41 UPPER FITZWILLIAM STREET +++ BUS 37/38 FITZWILLIAM STREET +++ FITZWILLIAM TOWNHOUSE.COM +++

7
IM SÜDEN DER STADT

+++ ERLEBEN +++

7

IRISH JEWISH MUSEUM

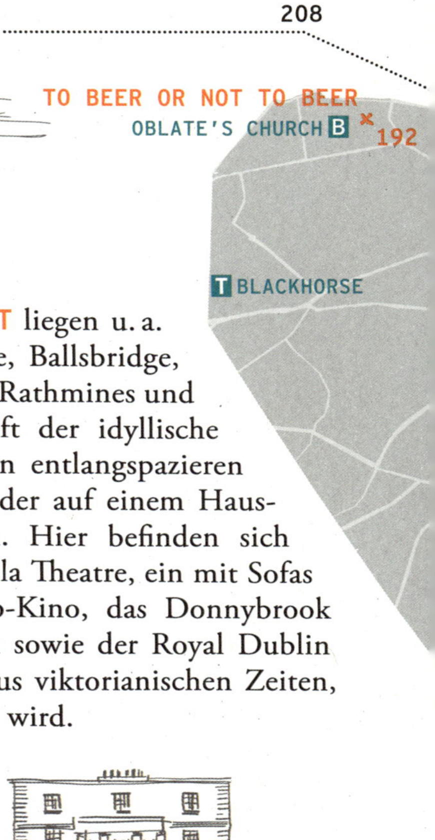

IM SÜDEN DER STADT liegen u. a. die Stadtteile Inchicore, Ballsbridge, Donnybrook, Rathgar, Rathmines und Ranelagh. Hier verläuft der idyllische Grand Canal, den man entlangspazieren oder -radeln kann – oder auf einem Hausboot entlangschippern. Hier befinden sich auch das legendäre Stella Theatre, ein mit Sofas ausgestattetes Art-déco-Kino, das Donnybrook und das Aviva Stadion sowie der Royal Dublin Society Showground aus viktorianischen Zeiten, der für Messen genutzt wird.

PEARSE MUSEUM

DUBLIN

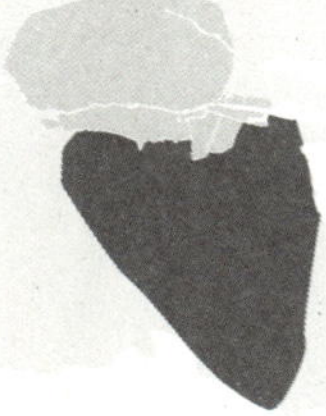

TIONAL PRINT MUSEUM
206
AVIVA STADION
207
BAHNHOF
GRAND CANAL DOCK
HADDINGTON ROAD B
ST. MARY'S COLLEGE B
T RANELAGH
SWAN CENTRE B
T BEECHWOOD
IM FILMPALAST 196
200
UNTERWEGS IN
DER OUTDOOR-GALERIE
DRIVE ROAD
STRAND RD
AILESBURY RD
STILLORGAN ROAD
GOATSTOWN RD
BRAEMORE ROAD
207
MAPLE AVENUE B
M50
ROCKFIELD B
FERNHILL PARK AND GARDENS
208

TO BEER
OR NOT TO BEER

EINE FÜHRUNG
DURCH DIE RASCALS BRAUEREI

IM SÜDEN DER STADT-->

+ + + STECKBRIEF + + +

+++ WO? GOLDENBRIDGE ESTATE, TYRCONNELL ROAD, INCHICORE +++ LUAS RED LINE BLACKHORSE, BUS 13/68/69 OBLATES CHURCH +++ WANN? PREMIUMTOUR MEIST FREITAG UM 17 UHR, SAMSTAG UM 14 UND 16 UHR, SONNTAG MEIST 15 UHR +++ RASCALSBREWING.COM +++ WIE LANGE? CA. 25 ODER 45 MINUTEN +++ WIE VIEL? REGULAR TOUR (BRAUEREIFÜHRUNG, 25 MIN.): ERWACHSENE 10 EURO, KINDER 7-17 JAHRE 9 EURO, JÜNGERE KOSTENLOS, PREMIUM TOUR (FÜHRUNG MIT BIERPROBE, CA. 45 MIN.): ERWACHSENE 20 EURO +++

TO BEER OR NOT TO BEER, that's definitely not the question. Aber muss es in Dublin immer Guinness sein? Vor Ort tummelt sich eine findige junge Brauerszene, die mehr anzubieten hat als das süffige Stout, das große Kräftige im schwarzen Gewand. Bei einer Führung durch die Rascals Brauerei erfahre ich: Emma und Cathal, die Gründer, waren einst in Neuseeland und verkosteten viele Craftbiere. Wieder zu Hause, vermissten sie diese schmerzlich und begannen, auf dem heimischen Balkon für den Eigenbedarf zu brauen. Das Ergebnis schmeckte auch Bekannten und Verwandten. Und so kam eins zum anderen, der Rest ist Geschichte: Im Jahre 2014 gründeten sie Rascals. Wieder und wieder wurde expandiert. »Der neueste Clou ist, dass wir europaweit exportieren wollen«, erzählt Jon, der uns herumführt: die Treppe hoch und rein ins Sudhaus.

ZUNÄCHST EINMAL probieren wir verschiedene Sorten Malz mit unterschiedlichen Geschmacksnoten. Hm, nicht alle wollen sich das antun und auf den Körnern herumkauen. Die Männer in der Gruppe sind eindeutig eher fürs fertige flüssige Produkt zu haben. Doch Jon ist ein Scherzkeks und meint, sie müssten erst mal einiges lernen, bevor sie ihre Kehlen befeuchten dürften. Er zeigt uns auch Weizen, Hafer, Gerste, Roggen und Hopfen. Von Letzterem gebe es um die hundert verschiedene Arten: »Eine schmeckt wie Kaugummi, und wir haben dann ein Kaugummi-Bier daraus gebraut.« Oh, nein! Ich verziehe das Gesicht. »Jaja, ihr Deutschen mit eurem Reinheitsgebot!«, stichelt Jon. Das Wunderbar IPA wird, Überraschung, mit deutschem Hopfen gebraut. An die 100.000 Liter Ausstoß haben sie insgesamt pro Monat, fünf Brauer arbeiten hier. Wir gehen weiter zum Laboratorium. Dort testen sie verschiedene Bierkreationen und denken sich neue aus. Jon tut das sehr gerne, wie er gesteht. Auffallend schön und knallig ist das Design der Bierdosen, Kartons und Etiketten auf den Flaschen. Auch in den Logos steckt einiges an Kreativität.

DAS ETIKETT DES PIÑA COLADA PALE ALE mit Ananas und Kokos wirkt wie ein Gemälde aus der Karibik: Palmen, Sonne und viel Türkis. Dazu gedichtet hat man auch: »If you like piña coladas, and cocktails in your pale ale …« In Anlehnung an das Lied *Escape*. »Wir geben den traditionellen Biersorten einen witzigen Rascals-Dreh«, erklärt Jon. »So ein bisschen Spaß und Abenteuer sind immer dabei!« Das merkt man. Nun aber endlich die Belohnung für all die Aufmerksamkeit: Bierprobe unten in der Kneipe. Als Erstes ist Happy Days Session Pale Ale mit Zitrusnoten, leichter Bitterkeit und einem Alkoholgehalt von 4,1 % dran. »Was meint die Deutsche dazu?« »Nicht schlecht«, antworte ich. »Ohhhh, das ist höchstes Lob aus dem Bierland!«, lacht Jon. Stimmt fast, ich antworte ihm, dass es sogar doppeltes Lob bedeutet, da ich ja aus Franken komme, wo »Bassd scho« die maximale Anerkennung ist. Außerdem verkosten wir Yankee White IPA (süßlicher Bananengeschmack, 5 %) und Jailbreak Helles Lager (bitter, 4,2 %). Das vierte aber schmeckt mir am besten: Ein IPA mit 5 %, nur leicht bitter, aber sehr fruchtig. »Hazy in Love« heißt es.

WENN MAN SCHON MAL HIER IST:

In der angeschlossenen Kneipe gibt es hervorragende Pizzas □→. Hier geht man genauso einfallsreich vor wie bei den Bieren: Spudzy Malone ist mit Knoblauch, Mozzarella, Kartoffelscheiben, Rosmarin und geräuchertem Pancetta-Speck belegt (16 Euro). **The Hellfire Grub**, das Höllenfeuer Pub Food, fordert den Gaumen natürlich unter anderem mit frischen Chilis. Das macht Durst. Und für die »Hopfenkaltschale« braucht der Mensch schließlich eine Unterlage. Prädikat: vorzüglich!

IM FILMPALAST

DAS STELLA CINEMA UND DIE FILMSTADT DUBLIN

SWAN CENTRE

IM SÜDEN DER STADT-->

+ + + S T E C K B R I E F + + +

+++ WO? 207, 209 RATHMINES ROAD LOWER, RATHMINES +++ BUS 14/15/140 THE SWAN CENTRE, LUAS RANELAGH ODER BEECHWOOD +++ WANN? TÄGLICH, SIEHE FILMBEGINN, FREITAG UND SAMSTAG AUCH MITTERNACHTSSPECIALS +++ STELLACINEMAS.IE/RATHMINES +++ WIE LANGE? DAUER JE NACH FILM +++ FRÜHER DA SEIN, UM SICH AN DER BAR EIN GETRÄNK ZU HOLEN! +++ WIE VIEL? AB 12 EURO (RESTRICTED VIEW), KINDER 10 EURO, SENIOREN 15 EURO +++

PFFF. Ich versinke in einem riesenhaften dunkelroten Ledersessel, in dem man gut und gerne zu zweit Platz finden würde. Aaah, die Beine darf ich auf den dazu passenden Hocker vor mir legen. Rechts neben mir steht ein Tischchen fürs gepflegte Getränk und den unverzichtbaren Knabberkram, mit gedämpftem Licht dezent beleuchtet von einem Schirmlämpchen. Mein Blick wandert zur Decke und ruht auf mattgolden schimmernden Kassetten, an den Wänden dasselbe Dekor. Hinter mir im Saal räkeln sich viele weitere Menschen auf ausladenden Fauteuils oder Sofas. Vor mir, in Reihe eins, gibt es gar mit dunkelrotem Samt überzogene Doppelbetten, auf denen man zu zweit fläzen kann, den Blick erwartungsvoll nach vorne gerichtet. Plüschig ist's – ein bisschen, als wäre ich in einem eleganten Salon gelandet. Die Beleuchtung fährt herunter, es wird still im Saal.

VORSCHAUEN FLIMMERN über die mit 10 mal 5,4 Metern wahrscheinlich größte Leinwand, die ich je in meinem Leben gesehen habe. Dann beginnt der Hauptfilm, und es beamt mich weg. 1909 wurde in Dublin das erste Kino eröffnet – auf Betreiben des Schriftstellers James Joyce. Man schrieb das Jahr 1920, als schließlich The Stella seine Pforten öffnete, mit 1.283 Plätzen das seinerzeit größte Filmtheater Irlands. Ab 2004 versank es im Dornröschenschlaf, bis es 2017 nach aufwendigen Renovierungen in neuem Glanz und Glamour erstrahlte. Die Originalfassade mit granitenen Pilastern ist wieder zu sehen, ebenso der Mosaikboden mit Stella-Logo und die Bar im Eingangsbereich. Dass Filme gerade in Dublin so festlich inszeniert werden, kommt nicht von ungefähr. »Going to the flicks«, ins Kino gehen, ist populär – besonders natürlich an regnerischen Tagen, wovon es hier ja reichlich gibt. Böse Zungen behaupten darüber hinaus, der Dubliner gehe an Freitag- oder Samstagabenden ins Kino, wenn er sich keine weitere Runde Bier leisten könne. Wie auch immer, die irische Filmindustrie ist jedenfalls in den letzten Jahren rasant gewachsen.

SICHER AUCH, weil ausländische Filmproduktionen höher besteuert werden und die Filmagentur Screen Ireland heimische Filmschaffende mit Darlehen und Stipendien unterstützt. Viele der bekannten irischen Schauspieler wie Liam Neeson und Gabriel Byrne und Regisseure wie Jim Sheridan und Neil Jordan gewannen internationale Preise. Das Irish Film Institute in Temple Bar sowie die in der Tat atemberaubenden Landschaften Irlands haben zahlreiche Produktionen aus aller Welt angezogen, man denke nur an *Braveheart*. Alle, die mehr wissen wollen über die Liebe der Bewohner der grünen Insel zum Film, sollten einen Besuch »bei Stella« einplanen.
Mein Film ist zu Ende, der Abspann läuft lange, die Lichter werden heller. Oben auf dem Balkon puhlen sich die ersten Zuschauer zögernd aus den bequemen Ohrenbackensesseln. Müssen wir wirklich schon gehen? Wie schade. Aber meine Armbanduhr sagt, dass tatsächlich über zweieinhalb Stunden vergangen sind.

WENN MAN SCHON MAL HIER IST:
Der Stella Cocktail Club □→ im ersten Stock war einst ein Festsaal. Das stilvolle gläserne **Atrium** ist noch intakt, man kann durch ein großes Fenster von oben das Treiben auf der **Rathmines Main Street** beobachten oder sich auf die Außenterrasse setzen. Die Cocktails jedenfalls sind legendär. Da hier nur schwer ein Platz zu bekommen ist, sollte man im Voraus reservieren unter stellacinemas.ie/rathmines/stella-cocktail-club.

7

UNTERWEGS IN DER OUTDOOR-GALERIE

STREET-ART, WO MAN GEHT UND STEHT

IM SÜDEN DER STADT-->

+ + + S T E C K B R I E F + + +

+++ WO? RICHMOND HILL, RATHMINES +++ BUS 14/15/65 U.A. ST. MARY'S COLLEGE +++ WANN? BEI TAGESLICHT +++ VISITDUBLIN.COM/TOP-FIVE-DUBLIN-STREET-ART +++ WIE LANGE? CA. ZWEI STUNDEN +++ WIE VIEL? KOSTENLOS +++

PLANEN MUSS MAN diesen Rundgang nicht, denn überall sticht sie einem ins Auge: die Straßenkunst der Dubliner Künstler. Ich biege um eine unscheinbare Ecke in Rathmines und staune. An einer Hauswand in der Richmond Hill prangt ein knallig buntes Coronavirus, ein riesengroßes, präzise ausgearbeitetes Gemälde in leuchtenden Farben. Auf einem Stromkasten finde ich nach ein paar Stationen mit dem Bus Georg Friedrich Händel in Bonbontönen (siehe S. 17). An Mauern, in schmalen Gassen, auf dem Boden, überall Kunst. Das einst eintönige Dublin wird bunt! Selbst ins Museum hat es die Street-Art geschafft, und vor allem Temple Bar ist voll davon. Kein Wunder, dass man den Stadtteil auch als Cultural Quarter bezeichnet, kulturelles Viertel. Die Fassade des Blooms Hotels an der Ecke Anglesea und Cope Street ist vollständig von einem Werk des Designers James Early bedeckt. Acht Monate arbeitete er am größten öffentlichen Kunstwerk Irlands.

DIE WICHTIGSTEN CHARAKTERE aus James Joyce' *Ulysses* sind darauf in psychedelischen Farben versammelt: Leopold Bloom, Molly, Stephen Dedalus, Blazes und Buck Mulligan. Dass das Bild an die Jugendstil-Gemälde Alphonse Muchas erinnert, ist kein Zufall. Early ließ sich von ihm inspirieren, spielt doch *Ulysses* in dessen Zeit, am 16. Juni 1904, um genau zu sein. Die ganze Stadt ist eine Outdoor-Galerie, die die Werke ihrer besten Künstler an jeder Ecke präsentiert. Oder an jeder einigermaßen geeigneten Wand. Subset beispielsweise, ein Kollektiv verschiedener Künstler aus den Sparten Kunst, Design und Film, hat das Grey Area Project ins Leben gerufen. Farbe auf die grauen Mauern Dublins! Und was für welche. *Climate III* in Temple Bar zeigt einen Fisch in der Falle, gefangen in einer Plastiktüte. Das auffallende, plakativ gestaltete Mural ist Teil der Klimakampagne und wendet sich speziell gegen Plastikmüll. Ebenfalls von Subset: An der Fleet Street Ecke Tesco prangt ein Gemälde, wo aus dem weißen Kopf des griechischen Philosophen Epiktet ein bunter Regenbogen wächst: »Don't worry, be happy« steht daneben in einer Denkblase zu lesen.

EINE LEBENSECHTE ZEICHNUNG in Schwarz-Weiß von Tien Le zeigt einen Frauenkopf mit lockigen Haaren am Laden Siopaella (8, Cecilia Street). Ich fühle mich durchschaut von ihrem eindringlichen Blick und kann mich gar nicht losreißen. In der Drury Street mitten im Zentrum dienen die Fassaden als eine Art Leinwand für Gemälde, die die Künstler immer wieder neu »interpretieren«. Was ich gestern entdeckt habe, kann heute schon wieder ganz anders aussehen – oder verschwunden sein. Parallel zur Drury verläuft die Great George's Street South, wo das fotorealistische *Marriage Referendum Mural* von Joe Caslin prangte: Zwei sich innig umarmende Männer schienen förmlich aus der Mauer zu treten. Der Anlass: Im Mai 2015 legalisierte Irland nach einer Volksabstimmung als erstes Land der Welt die Heirat zwischen gleichgeschlechtlichen Partner*innen. Dublins Outdoor-Kunst ist politisch, radikal, aufrüttelnd, eindrücklich und einfach … schön. Sogar ins Museum hat sie es geschafft. Caslins überlebensgroßes Werk *Finding Power* prangt im Lichthof der National Gallery of Ireland.

WENN MAN SCHON MAL HIER IST:
Die National Gallery of Ireland ⇨ (Merrion Square West) lohnt nicht nur wegen Caslin einen Besuch: Auf fünf Etagen werden Werke irischer Künster wie Jack B. Yeats und internationaler Größen wie Monet, Picasso, Rembrandt, Velázquez, Degas, Rubens und Brueghel gezeigt. Der Eintritt ist frei! Ebenfalls lohnend: ein Besuch des **Gallery Cafés** und des Museumsshops.

WENN MAN SCHON MAL IM SÜDEN DER STADT IST

+++ SEHEN +++

+++ ESSEN +++

+++ AUSGEHEN +++

+++ SHOPPEN +++

+++ SCHLAFEN +++

++++++++++++++ SEHEN ++++++++++++++

□↑ NATIONAL PRINT MUSEUM

Hier dreht sich alles um die Geschichte des Buchdrucks in Irland. Setzmaschinen und Druckerpressen aus dem Vor-Computer-Zeitalter sind ausgestellt, ebenso alte Fotografien, Bücher, Flugzettel und Plakate, z. B. ein Original der berühmten Osterproklamation von 1916, mit der irische Rebellen die Unabhängigkeit postulierten. Auch die Wharfedale Stop Cylinder Press, auf der sie gedruckt wurde, steht hier.

+++ HADDINGTON RD, IN DER OLD GARRISON CHAPEL DER BEGGARS BUSH BARRACKS +++ DART LANSDOWNE ROAD UND GRAND CANAL DOCK +++ NATIONALPRINTMUSEUM.IE +++ DI-FR 10-16 UHR, SA/SO 12-16 UHR +++ EINTRITT DERZEIT KOSTENLOS (2022) +++ TIPP: GEFÜHRTE TOUREN AUF ENGLISCH MO-FR UM 11.30/14.30 UHR, SA/SO 15 UHR, IM EINTRITTSPREIS INKLUSIVE +++

AVIVA STADION

Das architektonisch interessante, hufeisenförmige Stadion, angeblich auf den Fundamenten des allerersten internationalen Sportstadions der Welt erbaut, fasst 51.700 Zuschauer auf überdachten Sitzplätzen. Für die Fußball-Europameisterschaft 2021 wurde es mit modernem Flutlicht ausgerüstet. Hier spielen die irischen Nationalmannschaften für Rugby oder Fußball, und es ist das Heimstadion der Leinster Rugby Mannschaft. Mammutkonzerte finden ebenfalls statt – beispielsweise gab sich Madonna 2012 die Ehre. Die Ausblicke sind grandios.

+++ LANSDOWNE RD +++ LUAS GREEN LINE WESTMORELAND, DART LANSDOWNE ROAD +++ AVIVA STADIUM.IE +++

PEARSE MUSEUM

Hier lebte der irische Aufständische Patrick Pearse (1879-1916) und betrieb seine innovative Schule der irischen Sprache Scoil Éanna. Wegen seiner Beteiligung am Osteraufstand wurde er 1916 hingerichtet. Im Museum erfährt man einiges über ihn und seine Ideen. Der Park ist ebenfalls sehenswert.

+++ ST. ENDA'S PARK, GRANGE ROAD, RATHFARNHAM +++ BUS 16, ST. ENDA'S PARK ENTRANCE, GRANGE ROAD +++ PEARSEMUSEUM.IE +++ NOV-JAN MO-SA 9.30-16 UHR, FEB MO-SA 9.30-17, MÄRZ-OKT MO-SA 9.30-17.30 UHR +++ EINTRITT PARK UND MUSEUM GRATIS +++

FERNHILL PARK AND GARDENS

Am Stadtrand befindet sich dieser riesige, 34 Hektar umfassende Park mit einem Anwesen aus dem Jahre 1823. Zu sehen gibt es neben beeindruckenden Ensembles von Magnolien, Rhododendren, Kamelien und sogar Mammutbäumen auch einen reich bestückten Küchengarten, Felder und Äcker und einen Wasserfall. Hier arbeitet man nachhaltig und verhält sich nach dem Motto: Die Landschaft bestimmt das Design, nicht umgekehrt. Fantastische Ausblicke über die Dubliner Bucht.

+++ BELARMINE ROUNDABOUT, ENNISKERRY RD, KILGOBBIN +++ BUS 44 ST. PATRICK'S PARK +++ DLRCOCO.IE/EN/PARKS/FERNHILL-PARK-AND-GARDENS +++ GEÖFFNET JE NACH JAHRESZEIT MIND. 9–17/18 UHR, APRIL–SEPT. 9–20/21 UHR +++ EINTRITT FREI +++

IRISH JEWISH MUSEUM

Klein und fein. Untergebracht in einer ehemaligen Synagoge aus dem Jahr 1917 ist dieses Museum, das sich Judaismus, Holocaust und die Entwicklung der irisch-jüdischen Gemeinde in Vergangenheit und Gegenwart widmet. Eröffnet wurde es 1985 von Dr. Chaim Herzog, dem in Irland geborenen späteren Präsidenten von Israel.

+++ 3 WALWORTH ROAD +++ LUAS GREEN LINE HARCOURT +++ JEWISHMUSEUM.IE +++ SEPT.–APRIL SO 10.30–14.30 UHR, MAI–SEPT. SO–DO 11–15 UHR +++ EINTRITT 10 EURO, STUDENTEN 5 EURO +++

ALMA

Argentinien in Portobello: Alma ist ein familienbetriebenes Café, das auch Lunch serviert. Zum Reinsetzen: Buttermilch-Pfannkuchen mit Dulce de Leche und Orangen-Mascarpone für 12,50 Euro.

+++ 12 SOUTH CIRCULAR ROAD, PORTOBELLO +++ LUAS GREEN LINE HARCOURT +++ ALMA.IE +++ MO-FR 8-16 UHR, SA/SO 9-16 UHR +++

NIGHTMARKET

Hervorragendes Food wie auf einem Nachtmarkt in Thailand mit viel Chili, Kräutern und Gewürzen. Gute Weinkarte und Cocktails (ab 11 Euro). Pad Thai Gong mit Huhn aus dem Wok 18 Euro.

+++ 120 RANELAGH +++ LUAS GREEN LINE RANELAGH +++ NIGHTMARKET.IE +++ MI/DO 16-21.30 UHR, FR 16-22 UHR, SA 15-22 UHR, SO 15-21 UHR +++

ERNESTO'S CAFÉ RATHMINES

Der Cappu ist äußerst schmackhaft und außerdem hübsch anzusehen. Ich würde behaupten, er ist der beste Dublins. Für das Café sprechen außerdem günstige Tagesgerichte und der very friendly Barista Ernesto.

+++ 15 RATHGAR ROAD +++ BUS 14/15 THE SWAN CENTRE, LUAS RANELAGH ODER BEECHWOOD +++ TÄGL. 8-16 UHR +++

RODY BOLANDS

Rodys sieht aus wie ein klassischer Pub und ist ausgestattet mit der originalen Einrichtung aus dem Vorgängerpub in Nenagh, 1873 gegründet. Das Food ist superb und hat nichts mit dem üblichen Pub Grub zu tun!

+++ 12-14 UPPER RATHMINES ROAD +++ BUS 140/142 RATHMINES ROAD UPPER +++ RODYBOLANDS.COM +++ MO-FR 16-0/1 UHR, SA/SO CA. 13-0 UHR +++

AUSGEHEN

KINARA KITCHEN

Cool! »Upstairs« ist eine Cocktailbar im New-York-Stil mit Dachterrasse, unten ein Restaurant. Beides ist einen Besuch wert. Die Speisen kommen aus der »Eastern Cuisine« und sind pakistanisch angehaucht. Early-Bird-Menü, 16–19 Uhr, 29,95 Euro.

+++ 17 RANELAGH VILLAGE +++ LUAS GREEN LINE RANELAGH +++ KINARAKITCHEN.IE +++ MI 16-23.30 UHR, DO/FR 12-23.30 UHR, SO 12-22 UHR +++

BELLO BAR

Musik, zwo, drei, vier. Unter dem Lower Deck Pub (Karaoke Nights!) liegt der Club, wo lokale und internationale Größen aufspielen. Tickets meist 7–15 Euro.

+++ 1 PORTOBELLO HARBOUR +++ LUAS GREEN LINE CHARLEMONT +++ PERTO.COM/IE/DUBLIN-5489/BELLO-BAR-432030 +++ GEÖFFNET JE NACH VERANSTALTUNG +++

SHOPPEN

MARLAY PARK COURTYARD □↑

Um die zwanzig der bekanntesten Künstler Irlands präsentieren und verkaufen ihre handwerklich hergestellten Werke in renovierten Ställen aus dem 19. Jahrhundert, die zu hübschen Ateliers umgebaut wurden: Malerei, Fotografie, Schmuck, Musikinstrumente, Mode, Glaskunst.

+++ GRANGE ROAD, RATHFARNHAM +++ BUS 16/116 MARLAY PARK +++ MARLAYPARKCOURTYARD.IE +++

KATHRIN DAVEY

Untergebracht in den Home Studios, einem ehemaligen College. Wunderschönes irisches Leinen, mit Pflanzenfarben gefärbt, gibt es hier als Tischdecke, Loopschal, Bettüberwurf und mehr, aber auch Textilien aus Wolle oder Baumwolle.

+++ 74 CLAREVILLE ROAD, HAROLD'S CROSS, TERENURE +++ BUS 83 LARKFIELD GROVE, BUS 9 MOUNT ARGUS CHURCH +++ KATHRYNDAVEY.COM +++ VORHER ANRUFEN: 00353 85 826 44 27 +++

+++++++++++++ SCHLAFEN +++++++++++++

ARIEL HOUSE HOTEL

Elegant eingerichtete Zimmer in einem viktorianischen Stadthaus und einem modernen Anbau im grünen Stadtteil Ballsbridge. Für etwa 135 Euro kann man das Garden View Double bekommen. Das Hotel und auch das Frühstück aus regionalen und saisonalen Zutaten haben Preise gewonnen!

+++ DART LANSDOWNE ROAD +++ ARIEL-HOUSE.NET +++

TRAVELODGE DUBLIN CITY CENTER RATHMINES

Funktionale, in Blau gehaltene Zimmer mit allem, was man braucht, zum günstigen Preis: EZ/DZ um die 100 Euro, Frühstück 12,50 Euro.

+++ LOWER RATHMINES ROAD +++ BUS 14/15 RATHMINES +++ TRAVELODGE.CO.UK/HOTELS/286/DUBLIN-CITY-CENTRE-RATHMINES-HOTEL +++

8
ABSEITS VOM SCHUSS

+++ ERLEBEN +++

H & W
EURO
BELFAST
SAYS YES!
Allianz
118 NAPOLEON'S NOSE
VIA THE CRUM
30

8

LOUGH NEAGH
M2
BELFAST
AUF DIE 216
ANDERE SEITE
STRANGORD LOUGH
M1
A3
MONAGHAN
N2
NEWCASTLE
NEVRY
DUNDALK
IRISH SEA
224
DROGHEDA
NICHT VON DIESER
WELT
NAVAN
M1
M3
M4
DUBLIN
220
MEERWÄRTS
228
VOR DEM BIER
STEHT DER SCHWEISS
M7
KILDARE
236
M11
M9
WICKLOW

MALAHIDE

236

IM UMLAND DER CITY findet man vor allem eines: Grün. Die Dublin Mountains sind ab dem Zentrum per Straßenbahn erreichbar, der nette Küstenort Howth und die Wanderpfade entlang seiner Klippen mit Blick in die tosende See per S-Bahn. Das ist echte Lebensqualität. Wer sich weiter raus traut, findet in Bru na Boine bzw. beim Grabhügel Newgrange am Boyne eine beeindruckende Stätte von Weltrang aus der Steinzeit, und in Belfast, der nordirischen Hauptstadt und Dublins Pendant, die spannende »andere Seite« Irlands. Hinzu kommen Strand, gemäßigtes Klima, Golfstrom!

CASTLETOWN HOUSE

235

235

DALKEY

ENNISKERRY

234

GLENDALOUGH

AUF DIE ANDERE SEITE

EIN AUSFLUG NACH BELFAST

<--ABSEITS VOM SCHUSS

+ + + S T E C K B R I E F + + +

+++ WO? BELFAST CITY CENTRE +++ ANREISE AB DUBLIN CUSTOM HOUSE QUAY MIT M1 EXPRESSBUS 400 IN KNAPP ZWEI STUNDEN +++ WANN? JEDEN TAG, UND ZWAR STÜNDLICH VON 5.30 BIS 20.30 UHR +++ BELFAST: VISITBELFAST.COM +++ BUS: DUBLINCOACH.IE +++ RADTOUR: WWW.BELFASTCITYBIKETOURS.COM +++ WIE LANGE? AUSFLUG EIN TAG, RADTOUR CA. DREI STUNDEN +++ WICHTIG! SIE VERLASSEN DIE EU +++ WIE VIEL? BELFAST CITY BIKE TOUR £ 30 +++

IM ALTEHRWÜRDIGEN Crown Liquor Saloon, der mit seinen Buntglasfenstern und Mosaiken eher einer Kathedrale gleicht als einem Pub, habe ich mich soeben noch gestärkt. Denn gleich soll es losgehen. Gegenüber liegt das hoch aufragende Europa Hotel. Es erlangte eine gewisse Berühmtheit, denn es wurde in den letzten Jahren 28 Mal von Terroristen attackiert – trauriger Weltrekord! Gen Norden, mit Blick auf gigantische Kräne und die Werft von Harland & Wolff, wo einst auch die Titanic gebaut wurde, radeln wir raus aus dem Zentrum. Jenseits River Lagan liegt das Titanic Quarter, ein moderner Stadtteil mit Hotels, Freizeitpark und dem Titanic-Besucherzentrum, das einem Schiffsbug gleicht und metallisch in der Sonne glänzt. Auf einer Radtour fahren wir mit John Trotter von Belfast City Bike Tours quer durch die 1120 gegründete Stadt.

WÄHREND WIR IN die Pedale treten – der Radweg verläuft mitten auf der High Street –, erzählt uns John von der »Plantation«, der Ansiedlung von Protestanten ab dem 17. Jahrhundert, als Engländer und Schotten einwanderten. Hier liege einer der Hauptgründe für den Nordirlandkonflikt. Sicher könnte John ein Buch schreiben über die Geschichte der Stadt, und er erzählt weiter: Seilmachereien, Flachsmühlen, Leinwebereien, Tabakindustrie und Schiffswerften waren einst die Haupteinnahmequellen bzw. -arbeitgeber der Belfaster, die nach und nach weggebrochen sind. »Auf den Werften gab es 1943 bis zu 35.000 Beschäftigte, heute sind es weniger als 100 Festangestellte«, sagt ein Arbeiter.

Doch Downtown ist Belfast heutzutage »in«. Die Innenstadt pulst. So mancher Brite fliegt fürs Wochenende rüber, um sich zu amüsieren. Die Bars und Restaurants im Cathedral Quarter rund um die St. Anne's Kathedrale sind überfüllt. Unter dem Cotton Square befindet sich der größte Nachtclub Belfasts. Man steht Schlange. Wer das Pub John Hewitt besucht, tut nebenbei noch etwas Gutes, die Einnahmen gehen an Obdachlose. »Die Belfaster halten eben zusammen!«, heißt es. Und neben dem Duke of York kann man Murals mit allen berühmten Nordiren bestaunen: Van Morrison, Rory Gallagher, George Best und viele mehr.

DRÜBEN IN DER WESTSTADT, in der Falls Road, wohnen die Katholiken, in der Shankill Road die Protestanten. Hier fanden ab 1969 die Kämpfe und Auseinandersetzungen zwischen beiden Lagern statt. Getrennt werden Unionisten und Republikaner bis heute durch meterhohe Peace Lines, vergleichbar der Berliner Mauer. Von den tagsüber offenen Sicherheitstüren bleiben nachts immer wieder einige große Tore an den Hauptstraßen geschlossen. Ziel ist es, die Situation mehr und mehr zu normalisieren. Wandmalereien zieren viele der Flächen. Die meisten enthalten politische Botschaften, und inzwischen gibt es auch etliche, die den Frieden zum Thema haben. Das stärkste Bild aber ist ein lebendes: Mitten auf einem Plateau an den Peace Lines sitzt ein Mädchen im Schneidersitz auf dem Asphalt, schwarze Hot Pants, helles Top, eine lilafarbene Schleife im Haar. Flöte spielend, eine liebliche Melodie. Dahinter ein Wandbild mit einem bewaffneten Kämpfer, die MP im Anschlag. Die Ulster-Flagge weht im Wind, das Mädchen lächelt selbstvergessen. Kinder lachen im Hintergrund.

WENN MAN SCHON MAL HIER IST:
Wer über Nacht bleiben will, findet im **Park Inn** ein gutes, zentral gelegenes Hotel (radissonhotels.com/en-us/hotels/park-inn-belfast). Für den abendlichen Pub-Besuch bietet sich der legendäre **Crown Liquor Saloon** □→ in der 46 Great Victoria Street an, daneben **The Duke of York Bar** (7–11 Commercial Ct) und **The John Hewitt Bar** (51 Donegall Street).

MEERWÄRTS

MIT DEM SCHIFF RUND UM IRELAND'S EYE

<--ABSEITS VOM SCHUSS

+ + + S T E C K B R I E F + + +

+++ WO? HOWTH HARBOUR, WEST PIER +++ DART AB DUBLIN CONNOLLY, HEUSTON ODER PEARSE BIS HOWTH +++ WANN? MEHRMALS TÄGLICH, JE NACH JAHRESZEIT +++ ISLANDFERRIES.NET/IRELANDS-EYE +++ WIE LANGE? CA. 45 MINUTEN +++ WICHTIG! MINDESTENS EINE STUNDE IM VORAUS BUCHEN +++ WIE VIEL? ERWACHSENE 20 EURO, KINDER 10 EURO, KINDER UNTER DREI JAHREN KOSTENLOS, FAMILIE MIT ZWEI ERWACHSENEN UND ZWEI KINDERN 50 EURO, MIT ZWEI ERWACHSENEN UND DREI KINDERN 60 EURO +++

IMMER DEN MÖWEN HINTERHER, denke ich, so fern kann die See ja nicht sein. Aber die schmutziggrauen Gesellen bevölkern sogar die Innenstadt und greifen frech einen Passanten mit einer Fish-and-Chips-Tüte (siehe S. 20) an. Dabei hätten sie es doch gar nicht weit zum Frischfisch. Ich fliege nicht, ich nehme die DART, die S-Bahn bis Howth und gehe zum Kai. Man hatte mich gewarnt: An manchen Tagen schaukelt es schon gewaltig. Das tut es wirklich. Das Wetter ist, nun ja, irisch, und die See rau. Mark vertäut alle Seile, und schon fahren wir raus aus dem kleinen Hafen. Tucker, tucker – ich höre ein angenehm beruhigendes Geräusch, spüre das Brummen der Motoren unter mir und den Wind auf der Haut, rieche die salzige Luft. Einmal rund um Ireland's Eye wollen wir schippern. Was für ein schöner Name!

DAS AUGE IRLANDS, Vorposten des Landes in der Irischen See. Die sprachliche Herleitung indes versetzt meiner romantischen Vorstellung einen kleinen Dämpfer: Aus dem keltischen Inis Ereann (Irlands Insel) wurde Erin, die Wikinger nannten sie auf Norwegisch Ey, daraus wurde Eirins Ey und schließlich Ireland's Eye. Wir nähern uns dem felsigen, kahlen Eiland, das einst zu Dublin gehörte. Vögel umschwirren den Kahn. Kein Wunder, dass viele Birdwatcher hierherkommen, denn Trottellummen, Kormorane, Eissturmvögel, Wanderfalken, Papageientaucher und dergleichen mehr sind zu beobachten. Ihr Tisch ist reich gedeckt. Besonders gerne scheint sich das gefiederte Volk auf einem riesigen, senkrecht aus dem Wasser ragenden Felsen am nordöstlichen Ende aufzuhalten: The Stag ist sein Name, also Hirsch. Auch Kegelrobben, die in Höhlen am nördlichen Ende leben, sollen sich normalerweise auf den Felsen räkeln. Heute sind leider keine zu entdecken. Doch wir sehen Ruinen aus dem 6. Jahrhundert: Reste der St. George's Anglican Church, genannt auch Church of the Three Sons of Nessan, denn diese drei, Mönche allesamt, hatten sie gegründet. Immer wieder haben hier Eremiten oder Heilige gelebt, sagt man.

DAFÜR WAR UND IST das dreieckige Stück Land sicher der perfekte Platz. Ruhe, Einsamkeit und weite Blicke. Neben der Kirche finden sich Reste eines Friedhofs. Am nordwestlichen Ende schiebt sich ein um 1803 erbauter Martello Tower ins Blickfeld, eine Art rundes Fort, wie man sie oft an Irlands Küsten sehen kann. Dieser Turm war einst zur Verteidigung gegen die gefürchteten Truppen Napoleons errichtet worden. Von einem fünf Meter hoch gelegenen Fenster hängt ein Seil herab. Das ist der Eingang, den man nur kletternd erreichen kann. Einst lebten Fischer auf der Insel, und Kabeljau fingen sie reichlich. Doch heutzutage ist das Eiland unbewohnt. Im Südwesten, an der Carrigeen Bay, erspähen wir feinsten Sandstrand. Aber das Beste ist für mich immer noch das Meer. Ich wende meine Blicke von der Insel ab und in Richtung Sonnenuntergang. Der Feuerball versinkt gerade hinter den Hügeln an der Küste. Von Dunkelorange bis Weinrot changiert die Farbpalette. Das Blau des Wassers wird immer dunkler. Möwen kreischen dazu ihr Lied.

WENN MAN SCHON MAL HIER IST:
Lohnend ist ein Spaziergang durch das hübsche Örtchen **Howth** direkt am Meer oder gar die sechs Kilometer lange Wanderung rund um die Halbinsel auf dem Küstenpfad an den Klippen entlang. Einfach dem grünen Pfeil ab der DART-Station folgen. Danach schmeckt ein Seafood Chowder □→ in einem der zahlreichen Fischrestaurants. Mein Tipp: **Octopussy's Seafood Tapas Restaurant** (octopussy.ie).

NICHT VON DIESER WELT

HILL OF TARA UND NEWGRANGE

<--ABSEITS
VOM SCHUSS

+ + + S T E C K B R I E F + + +

+++ WO? TREFFPUNKT SHELBOURNE HOTEL, 27 ST. STEPHEN'S GREEN, DUBLIN +++ WANN? ABFAHRT MONTAG BIS FREITAG UM 9.40 UHR, SAMSTAG UND SONNTAG UM 8 UHR +++ NEWGRANGETOURS.COM +++ WIE LANGE? TAGESTOUR, RÜCKKUNFT CA. 15/16 UHR +++ WIE VIEL? 55 EURO +++

EIN LEICHTER WIND streicht über den Hügel, beugt sanft die Grashalme. Das »Krah, Krah« der Krähen am grauen Himmel gehört irgendwie dazu. Von hier aus kann man rundum blicken in weites grünes Land. Der perfekte Platz. Es herrscht eine entrückte, magische Stimmung. »Fast möchte man vom Hill of Tara Touristen und Spaziergänger mit ihren Hunden verbannen«, sagt Mary Gibbons, die mich herumführt. »Dies ist ein heiliger Ort, an dem einst die irischen Könige gekrönt wurden. Hier liegt die Wiege unserer Kultur!« Die Geschichte Taras ist die Geschichte Irlands. Eine sehr ritualisierte Gesellschaft war es, die hier lebte, beherrscht von mächtigen Stammesfürsten. Das Leben war geprägt von den Feiern der Druiden, Pferderennen zu Ehren der Götter und Schachspielen. Tara, der Sitz der Hochkönige, war das politische und spirituelle Zentrum des Landes.

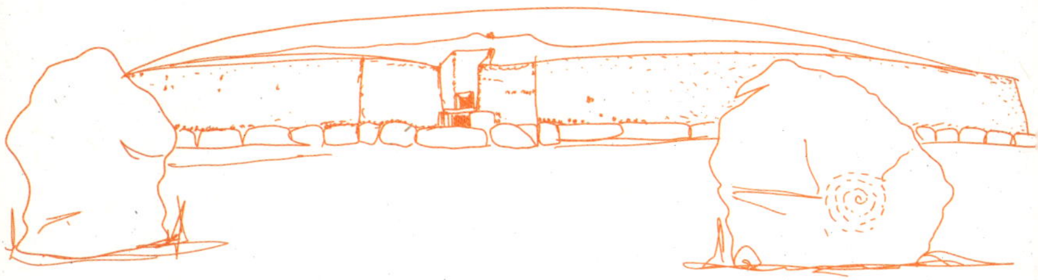

GEBÄUDE, DIE HIER EINST STANDEN, wie König Cormaghs Haus, ein Ringfort, und der Königssitz, waren wohl aus Holz erbaut. Von ihnen sind kaum Spuren vorhanden. Zu sehen sind nur Hügel, Gräben, Schanzen und Wälle, die einst die Königsfestung schützten. In einem steinzeitlichen Ganggrab, dem »Hügel der Geiseln«, fand man Spuren von Begräbnissen. »Leider wurde bei unsachgemäßen Ausgrabungen um 1896 einiges zerstört«, berichtet Mary. Zwei Steine krönen den Hügel: der Lia Fáil (Schicksalsstein) und ein Bildstock zu Ehren St. Patricks.

Wir fahren weiter nach Newgrange. »Brú na Bóinne, wie es auf Gälisch heißt, 3200 v. Chr. erbaut, ist älter als Stonehenge.« Es ist Mary wichtig, das zu betonen. Hier im fruchtbaren Tal des Flusses Boyne siedelten neolithische Bauern. Sie besaßen ein erstaunliches Wissen über Astronomie, Jahreszeiten und Wetter, das sie allein durch die genaue Beobachtung der Gestirne erlangt haben sollen. So diente dieses Ganggrab in gewisser Weise auch als Kalender, vor allem aber wurde das große Hügelgrab als Begräbnisstätte für die Upper Class genutzt. Jahrhundertelang war der künstlich aufgeschüttete, mit Steinen eingefasste Hügel von Erde bedeckt. Heutzutage umhüllt weißer Quarzit die unteren Schichten, oben leuchtet grünes Gras.

DAS MONUMENT WIRKT, als wäre es nicht von dieser Welt, fast wie ein kreisrundes UFO von 80 Metern Durchmesser und 13 Metern Höhe. Am genau nach Südosten ausgerichteten Eingang befindet sich der erste Kerbstein der Einfassung. Insgesamt gibt es 97 davon, 24 sind noch vergraben. Mit ihren doppelten und dreifachen Spiralen, den Linien des Lebens, markierten sie die Grenze zum Land der Toten. Ein schmaler Gang, gesäumt von 43 Steinen, führt in die überkuppelte Grabkammer, die nahezu die Form eines Kleeblatts hat, mit drei Nischen, wo in Steinsärgen kremierte menschliche Knochen gefunden wurden. Bei ihrer Entdeckung waren die Grabbeigaben jedoch längst geplündert. Punkt 8.20 Uhr scheint die aufgehende Sonne zur Wintersonnenwende zwischen dem 18. und dem 23. Dezember durch eine Öffnung: Die gebündelten Lichtstrahlen wandern langsam abwärts und erleuchten den Gang und dann die Kammer 17 Minuten lang – eindrucksvolles Symbol für die Wiedergeburt des Lichts und das neue Jahr. Um diese mystische Erfahrung machen zu dürfen, muss man an einer Lotterie teilnehmen. Und einen Platz gewinnen.

WENN MAN SCHON MAL HIER IST:

Im Visitor Center von **Newgrange** befinden sich ein sehenswertes Museum, das viel zum Verständnis beiträgt und mit einem Nachbau der Grabkammer fasziniert, ein Restaurant sowie ein gut sortierter Shop. Im Tal des Boyne ⇨ gibt es einen ganzen Komplex von Ganggräbern. Lohnend ist auch, das benachbarte **Knowth** zu besuchen. Die dortigen Grabhügel geben mehr Rätsel auf: Teils angelegt in der Bronzezeit, benutzten sie danach die Kelten und später ein Großkönig.

VOR DEM BIER STEHT DER SCHWEISS

EINE WANDERUNG ZU IRLANDS HÖCHST GELEGENEM PUB

<-- ABSEITS VOM SCHUSS

+ + + STECKBRIEF + + +

+++ WO? MARLAY PARK +++ BUS 16/16D MARLAY PARK +++ WANN? AM BESTEN VORMITTAGS STARTEN, DENN ZURÜCK NACH DUBLIN FÄHRT BUS 44B DIREKT AB JOHNNIE FOX'S PUB BEREITS UM 16.45 UHR +++ WIE LANGE? ETWA 3 STUNDEN +++ WICHTIG! GUTE WANDERSCHUHE, WASSER, VERPFLEGUNG, LANDKARTE, REGENBEKLEIDUNG +++ WIE VIEL? KOSTENLOS +++

ICH STOLPERE DIE TREPPEN des Doppeldeckerbusses nach unten. »Marlay Park! Wicklow Way!«, hatte der freundliche Fahrer durchgesagt, damit wir drei wissen, wo wir aussteigen sollen. Das »Wir« ist ein Zufall: Zwei Leipziger mit riesigem Rucksack wollen sich ebenfalls auf Wanderschaft begeben. Allerdings machen sie den ganzen Wicklow Way, ich absolviere nur eine Teiletappe, um dann nach Glencullen abzubiegen. Aber der Reihe nach. Die Krokusse blühen, Menschen sitzen in der Sonne vor einem Café. Über kleine Brückchen und auf breiten Wegen geht es durch den gepflegten Marlay Park mit seinen Baumriesen, zur Rechten liegt ein Golfplatz. Die Richtung weisen Holztafeln mit einem Wandersmann in Gelb darauf. Noch befinden wir uns in der Ebene, und die Strecke führt leider ein Stück weit die Autobahn entlang, aber schließlich stramm den Berg hoch und rein in den Wald.

MEINE MITWANDERER ziehen von dannen. Ich bleibe noch eine Weile, denn ich will Fotos schießen vom Blick zurück auf Dublin. Über die ganze Stadt und bis aufs Meer kann man von hier aus schauen, die Sicht ist heute wunderbar klar. Meinen Weg säumen sonnenbeschienene Königsfarne und Heidekräuter, Stechginster und ein gluckerndes Bächlein. Ein Vogel ruft: »Mitzi!« Einsam ist's in dieser verwunschenen Welt. Wer hier nicht an Fairys und Leprechauns (irische Feen und Kobolde) glaubt, dem ist nicht zu helfen.

Auf dem Kilmashougue Mountain, den ich erklimme, befindet sich ein megalithisches Grab, das erst 1953 ausgegraben wurde. Das hätte ich mir gerne angesehen, aber leider verpasse ich die Abzweigung. Haben die Kobolde mir einen Streich gespielt und das Schild versteckt? Schließlich erreiche ich die Hochebene mit ihren einsamen Mooren, über die der Wind pfeift. Komisch, treffe ich überhaupt andere Wanderer, dann kommen sie mir immer nur entgegen; ich bin offenbar als Einzige bergauf unterwegs. Der Pfad wird immer schmaler. Ich übersteige quer laufende Wasserrinnen und klettere über Steine. Felsig ist die Gegend, Trittsicherheit ist vonnöten.

IN DER FERNE sehe ich Schafe auf den grünen Hügeln der Wicklow Mountains, manchmal auch Kühe. Der Himmel ist tiefblau, die Sonne scheint. Ist das »the luck of the Irish«? Gestern regnete es den ganzen Tag, worauf man hier immer vorbereitet sein sollte. Irgendwoher muss das ganze Grün ja kommen, das hierzulande angeblich in »40 Shades of Green« vorkommt. Nun wandere ich ein kurzes Stück steil bergab, dann folge ich der Beschilderung nach links und wandere auf einem asphaltierten Sträßchen weiter – vorbei an einzelnen Häusern und Gehöften. Hunde bellen. Der Wicklow Way biegt irgendwann rechts ab, doch ich bleibe unbeirrt auf dem Weg geradeaus Richtung Glencullen. Dort taucht ein blendend weiß gekalktes Pub auf, verziert mit allerlei Wagenrädern, alten Landwirtschaftsgeräten und Blumenkästen. Ein Oldtimer steht davor. Zeitreise oder Fata Morgana? Doch da steht in Holz eingebrannt auf einem Schild zu lesen: »You've Made it to the Highest Pub In Ireland!« 270 Meter über dem Meeresspiegel liegt es. Anscheinend ist das für irische Verhältnisse eine ganze Menge.

WENN MAN SCHON MAL HIER IST:

Die Belohnung für den Aufstieg sind Speis und Trank. Also nichts wie rein ins sehenswerte Pub namens **Johnnie Fox's** □→, das glatt als Museum durchgehen könnte. Kein Wunder, es wurde 1798 gegründet. Fox's Seafood Pie mit Kartoffelbrei, Fisch und Gemüse (18 Euro) mundet hervorragend. Das ist Energie pur. Dazu ein Pint of Guinness, und die Welt ist mein Freund. Praktischerweise fährt der Bus zurück nach Dublin direkt vor der Haustür ab.

WENN MAN
SCHON MAL
ABSEITS VOM
SCHUSS
IST
+++ SEHEN +++
+++ ESSEN +++
+++ AUSGEHEN +++
+++ SHOPPEN +++
+++ SCHLAFEN +++

8

+++++++++++++ SEHEN +++++++++++++++

GLENDALOUGH □↑

In Gleann dá Loch, dem Tal der zwei Seen, lebte im 6. Jahrhundert der Heilige Kevin, der stolze 120 Jahre alt geworden sein soll. Schon von Weitem erblickt man den 1066 errichteten, 33 Meter hohen, runden Turm der Klosteranlage. Ein Hochkreuz, das St. Kevin's Cross, die St. Kevin's Church, eine Kapelle aus dem 11. Jahrhundert, die Ruine einer Kathedrale, der Friedhof mit dem rekonstruierten Priesterhaus sowie Ruinen der Klostergebäude sind noch vorhanden. Zerstört wurde alles 1398 von den Engländern, das vollständige Aus folgte 1539 mit der Auflösung aller irischen Klöster durch Heinrich VII. Beeindruckend ist die schöne Lage an Lower und Upper Lake in den Wicklow Mountains.

+++ GLENDALOUGH +++ ST. KEVIN'S BUS FÄHRT TÄGLICH VON DUBLIN NACH GLENDALOUGH UND ZURÜCK (GLENDALOUGHBUS.COM), BAHN AB DUBLIN (CONNOLLY) NACH RATHDRUM, AB DA TAXI NACH GLENDALOUGH (IRISHRAIL.IE) +++ GLENDALOUGH.IE +++ RUND UM DIE UHR GEÖFFNET +++ EINTRITT FREI +++

CASTLETOWN HOUSE

Was für eine Pracht! Durch eine Lindenallee spazieren wir zum 120 Meter langen georgianischen Schloss, das William Conolly zunächst vom italienischen Architekten Alessandro Galilei planen und dann von Edward Lovett erbauen ließ. Im Print Room kleben Drucke des 18. Jahrhunderts an den Wänden, die Long Gallery ist klassisch ausgestaltet mit Statuen von antiken Philosophen.

+++ CASTLETOWN HOUSE, CELBRIDGE, CO. KILDARE +++ BUS 67 CASTLETOWN +++ CASTLETOWN.IE +++ PARK KOSTENLOS UND DAS GANZE JAHR ÜBER GEÖFFNET +++ EINTRITT CASTLETOWN HOUSE 6 EURO, MIT FÜHRUNG 10 EURO, ERM. 3/5 EURO +++

DALKEY

Bullock Castle aus dem 12. Jahrhundert prangt am Hafen des malerischen Ortes, Goat Castle aus dem 15. Jahrhundert kann man im Rahmen eines Besuchs des Dalkey Castle & Heritage Center besuchen. Links und rechts der Coliemore Road stehen Villen aus dem 19. Jahrhundert Spalier. Unten am Meer angekommen, gibt es die Möglichkeit, mit einem Boot nach Dalkey Island mit seinem Martello-Turm überzusetzen. Die Insel war im Mittelalter eine Art touristisches Zentrum und Ziel für Pilger. Birdwatching garantiert, Seehunde nur manchmal.

+++ DALKEY +++ DART DALKEY +++ DALKEY CASTLE & HERITAGE CENTER TÄGL. (AUSSER DI) MEIST 10/11-17.30 UHR +++ EINTRITT MIT GEFÜHRTER »LIVING HISTORY TOUR« 13,95 EURO, ERM. CA. 12 EURO, FAMILIENTICKET 38 EURO +++

ENNISKERRY – POWERSCOURT ESTATE AND GARDENS

Das hübsche Örtchen Enniskerry ist einen Besuch wert. Niedliche Cafés und hübsche Läden locken ins Innere. 500 Meter südlich liegt Powerscourt Estate, ein Landsitz auf 64 Quadratkilometern mit mehrmals umgebautem georgianischen Herrenhaus, wundervollen Gartenanlagen – den eigentlichen Attraktionen – und dem höchsten Wasserfall Irlands. Besonders interessant sind der italienische und der japanische Garten. Einen Tierfriedhof, auf dem einst sogar die Lieblingskuh der Familie beigesetzt wurde, gibt es auch.

+++ ENNISKERRY +++ BUS 44/185 ENNISKERRY VILLAGE, DART BRAY +++ POWERSCOURT.COM +++ POWERSCOURT GARDENS TÄGL. MEIST 9.30–16.30/17.30 UHR +++ GÄRTEN 11,50 EURO, KINDER UNTER 16 J. 5 EURO, UNTER 5 J. FREI, FAMILIE 26 EURO +++

MALAHIDE

Ein Tagesausflug ins an der Küste gelegene Malahide ist lohnend, es gibt so einiges zu besichtigen: die Modelleisenbahn Fry Model Railway, den riesigen Schlosspark Malahide Demesne, das mit Rundtürmen bestückte, mittelalterliche Malahide Castle aus dem 11. Jahrhundert (Achtung: Schlossgespenst Puck spukt noch immer!), in dem ein Spielzeugmuseum untergebracht ist, und die Talbot Botanic Gardens. In dem hübschen Ort laden Pubs, Boutiquen und Buchläden zu einem Bummel ein.

+++ MALAHIDE +++ DART MALAHIDE +++ MALAHIDECASTLEANDGARDENS.IE +++ MALAHIDE CASTLE: GEFÜHRTE TOUREN TÄGL. 9.30–15.30/16.30 UHR +++ BURG MIT FÜHRUNG: ERW. 14 EURO, KINDER 6,50 EURO, FAMILIE CA. 40 EURO, ERM. 9 EURO +++

THE OLD SCHOOLHOUSE □→

Ein Traum von einem Pub mit Bar und Restaurant auf verschiedenen Ebenen. Mein Tipp: Der Fish Pie, dazu ein Pint of Five Lamps. Falls man vor dem Abflug noch einmal ordentlich essen möchte: Nix wie hin!

+++ COOLBANAGHER, CHURCH ROAD, SWORDS, COUNTY DUBLIN +++ BUS 33/33A SWORDS, MAIN STREET +++ THEOLDSCHOOLHOUSE.IE +++ TÄGL. MEIST 12-0 UHR +++

POTAGER

Im Norden von Dublin werden in einer ehemaligen Bank lokale Produkte zu kulinarischen Kunstwerken verarbeitet. Der Weinkeller befindet sich im früheren Tresor. Gehobene Preisklasse.

+++ 7 CHURCH STREET, SKERRIES +++ BAHN BIS SKERRIES +++ POTAGER.IE +++ DO-SA 18-21.30 UHR, SO 12.30-16 UHR +++

ZUCCHINI'S

Zwischen Hill of Tara und Newgrange gelegen. Hier wird alles frisch und von Hand gemacht, sogar die Eiscreme. Küchenchef Paul hat auf der ganzen Welt gekocht. Early-Bird-Menü mit zwei Gängen für 25,50 Euro, drei für 29,50 Euro.

+++ 18-20 BLACKCASTLE SHOPPING CENTRE, CHURCH VIEW, NAVAN +++ BUS NX ABBEY ROAD, NAVAN +++ ZUCCHINISNAVAN.IE +++ MO-SA 17-22 UHR, SO 15-21 UHR +++

AQUA

Frisch aus der See gibt es Austern, Garnelen, Wolfsbarsch, Heilbutt, Seezunge. Mittags- und Early-Bird-Menü mit zwei oder drei Gängen (34/38 Euro) inkl. Kaffee oder Tee.

+++ 1 WEST PIER, HOWTH +++ DART HOWTH +++ AQUA.IE +++ DI-SA 12.30-15.30 UHR U. 17.30-21.30 UHR, SO/FEI 12-17 UHR U. 18-20.30 UHR +++

+++++++++++++ AUSGEHEN ++++++++++++++

KOO NIGHTCLUB

Abtanzen, feiern, amüsieren und gute Mucke hören. In diesem Club langweilt sich keiner. Gute Drinks gibt es auch.

+++ IM THE MARTELLO HOTEL, 47 STRAND ROAD, BRAY +++ DART BRAY +++ KOO.IE +++ FR/SA 11-2.30 UHR +++

O'CONNELL'S BAR

Vom oberen Stockwerk aus blickt man aufs Meer, auf Ireland's Eye und die Insel Lambay. Dazu empfehle ich an einem der berühmten Cocktails zu nippen: Irish Mule oder Electric Avenue; »You'll rock all night«, sagt die Karte dazu. O'Connell's Pale Ale ist die hauseigene Biermarke, große Weinkarte. Essen? Die Muscheln sind ein Traum.

+++ EAST PIER, HOWTH +++ DART HOWTH +++ OCONNELLSHOWTH.IE +++ TÄGL. MEIST 12.30-23.30 UHR +++

+++++++++++++++ SHOPPEN ++++++++++++++

ASHLEIG MYLES MILLINERY

Bemerkenswert: die Hutwerkstatt Ashleig Myles Millinery in Lusk mit ausgefallenen Kreationen! Wer auf dem Weg Richtung Norden ist (Newgrange, Belfast) sollte hier vorbeischauen. Vorher anrufen!

+++ CHAPEL FARM WOOD, LUSK, NORTH DUBLIN +++ BUS 33 BARRACK LANE, LUSK +++ ASHMYLESMILLINERY.COM +++ NACH VEREINBARUNG +++

DÚN LAOGHAIRE SHOPPING CENTRE

Irlands erstes mehrstöckiges Einkaufszentrum liegt außerhalb der Stadt, ist aber gut und schnell erreichbar, und hier findet sich alles, was das Herz begehrt: Mode, Spielwaren, Technik, Lebensmittel, aber auch Cafés, Bars und ein Pub sind im Haus.

+++ **MARINE ROAD, DUN LAOGHAIRE** +++ **DART ODER BAHN DÚN LAOGHAIRE** +++ **DLSC.IE** +++ **MO–MI/SA 9–18 UHR, DO/FR 9–21 UHR, SO/FEI 12–18 UHR** +++

+++++++++++ SCHLAFEN +++++++++++++

GLENMORE HOUSE

Günstiges Bed & Breakfast in der Nähe des Flughafens – praktisch, falls man einen frühen Flug hat. Bushaltestelle vor der Haustür! Funktionale Zimmer. Kleines Frühstücksbuffet auch morgens ab drei Uhr. DZ 80 Euro.

+++ **AIRPORT ROAD, NEVINSTOWN LN, SWORDS, COUNTY DUBLIN** +++ **BUS 33/41, DUBLIN ROAD, SWORDS** +++ **BUCHBAR ÜBER BOOKING.COM** +++

IBIS DUBLIN

In Clondalkin, also etwas außerhalb gelegen, aber direkt an der Straßenbahn, und mit der ist man in 20 Minuten im Zentrum. Funktionale Zimmer in gewohnter ibis-Manier. Das DZ kostet um die 80 Euro.

+++ **RED COW ROUNDABOUT MONASTERY ROAD, OFF NAAS ROAD** +++ **LUAS RED LINE RED COW** +++ **ALL.ACCOR.COM/HOTEL/0595/INDEX.DE.SHTML** +++

DANKE: Herzlichen Dank an die VG Wort für das Stipendium im Rahmen von Neustart Kultur, an Tourism Ireland und Failtre Ireland für die Unterstützung, an die Leute vom Ukulele Tuesday für die schönen Abende voller Freude und Musik, an Lisa für die interessanten Gespräche und Informationen und an all die warmherzigen Dubliner in meinen Lieblingspubs.

NEU START KULTUR

FOTOS:

Alle von Judith Weibrecht, außer: Coverfoto: adobestock/jon_chica; S. 8: Aviva Stadium, © Tourism Ireland; S. 9: Powerscourt House & Gardens, © Tourism Ireland; S. 51: J. T. Pim's; S. 92: The Dublin Liberties Distillery, © Tourism Ireland; S. 117: Luas Dublin, © Tourism Ireland; S. 195: The Hellfire Grub SQ, © Joe Donnelly; S. 197: Stella Auditorium 2, © Press Up Hospitality Group; S. 198: Stella Cocktail Club 1, © Press Up Hospitality Group; S. 206: National Print Museum: Little hands…, © Tourism Ireland; S. 210/211: Marlay Park Courtyard, © Joe Burns; S. 232/233: Glendalough, © Tourism Ireland; S. 224: Round Tower Glendalough, Glendalough, © Tourism Ireland

IMPRESSUM:

Text und Recherche: Judith Weibrecht; Herausgeberschaft und Redaktion: Matthias Kröner; grafisches Konzept, Layout und Covergestaltung: Berit Kröner; Illustrationen: Mirja Schellbach; Lektorat: Dr. Felicitas Igel; Korrektorat: Eva Wagner; Druck: Westermann Druck Zwickau GmbH

ISBN 978-3-96685-096-4